Regina Stürickow

KOMMISSAR GENNATS SPEKTAKULÄRSTE FÄLLE

BeBra Verlag

Inhalt

Vorwort

Der Berliner Kriminalkommissar Ernst Gennat war schon zu Lebzeiten Legende und Original gleichermaßen. Er war eine »Type« mit ausgeprägten Marotten und der vollkommenste Berliner, den man sich denken konnte. Sein Zeitgenosse Franz von Schmidt beschrieb ihn so: »Er sah die Welt nur vom kriminalistischen Standpunkt aus an, misstraute jedem (...), kam aber auch jedem, ob Raubmörder oder Innenminister, mit der gleichen Jovialität entgegen. Seine Kollegen behandelte er gern mit der väterlichen Güte, die man leicht schwachsinnigen Kindern gegenüber anwendet. Und doch war er ein phantastischer Kamerad besonders denen gegenüber, die so taten, als sähen sie nicht, welche Mengen an Kuchen und Schlagsahne er sich so nebenbei heimlich aus der Schublade angelte und in seinem Amtszimmer, seiner wahren Heimat, zusammenaß. Damals hatte der Dicke schon mindestens ein Doppelkinn, später waren es derer drei oder vier.«

Gennat hat die Arbeit der Kriminalpolizei in den Zwanzigerjahren revolutioniert und die 1926 von ihm ins Leben gerufene Mordinspektion im Berliner Polizeipräsidium am Alexanderplatz bis weit über die Grenzen Berlins und Deutschlands hinaus berühmt gemacht. Die Presse jedweder Couleur lobte ihn in den höchsten Tönen und für das Publikum verkörperte er das Idealbild des Kriminalisten schlechthin. In den Jahren der Weimarer Republik war er der allseits bewunderte »Star« der Polizei. Dabei fehlte ihm alles, was einen für die damalige Öffentlichkeit interessanten Kommissar ausmachte: Mit gutem Aussehen, imposanter Männlichkeit oder extravaganter Kleidung konnte er beim besten Willen nicht aufwarten. In den späten Jahren seiner Karriere war er wegen seines beträchtlichen Übergewichts nicht einmal mehr in der Lage, Treppen zu steigen und ermittelte demzufolge ausschließlich aus seinem Dienstzimmer heraus.

Dieses Buch versammelt sechs spektakuläre Fälle aus den Büchern »Kommissar Gennat ermittelt – Die Erfindung der Mordinspektion« und »Verbrechen in Berlin – 32 historische Kriminalfälle 1890–1960«. Die Schilderungen orientieren sich an den Polizeiakten.

Fast ein »nasser Fisch« oder der Triumph der Daktyloskopie

Von dem Raubmord in der Novalisstraße erfährt Gennat nur von seinen Kollegen. Er selbst ist noch mit anderen Fällen beschäftigt, denn es wird viel gemordet in diesem Kriegssommer 1917. Zudem fehlt es nicht nur an Lebensmitteln, sondern auch an Personal. Viele Kollegen sind an der Front – und viel zu viele sind schon gefallen. Dennoch ist Gennat auf dem Laufenden, denn in der allmorgendlichen Besprechung im Polizeipräsidium berichten die ermittelnden Kommissare ausführlich über den neuerlichen Mordfall.

Am 10. September 1917, es ist ein Montag, wird die 60-jährige Schankwirtin Rahel Jakobi im Hinterzimmer ihres Lokals in der Novalisstraße 7 tot aufgefunden. Augenscheinlich handelt es sich um einen Raubmord. Das Opfer weist eindeutige Würgemale auf, der Schrank hinter dem Schanktisch ist aufgebrochen, die Kasse geplündert. Der Kleiderschrank in dem an den Schankraum angrenzenden Schlafzimmer ist durchwühlt. Auf dem Tisch des Zimmers stehen eine fast leere Flasche Wein und zwei benutzte Gläser. Hat die Jakobi mit ihrem

Mörder gezecht? Eine Frage, die nicht endgültig beantwortet werden kann.

Die Spurensicherung findet zahlreiche Fingerabdrücke, die unzweifelhaft vom Täter stammen: Unter anderem an den Bruchstücken der Glasscheiben des Büfettschrankes. Offenbar hat der Täter sie mit großer Vorsicht einzeln herausgenommen.

Seine Visitenkarte aber hat er an der Spiegelscheibe des Kleiderschrankes hinterlassen: den sehr gut ausgeprägten Abdruck seiner linken Handfläche. Der Erkennungsdienst setzt alles daran, die Fingerabdrücke zu identifizieren, vergleicht sie mit den vorhandenen Verbrecherfingerabdrücken, auch mit denen, die andere Polizeipräsidien des Reiches gesammelt haben, jedoch ohne Erfolg. – Der Fall wird nach einigen Wochen ad acta gelegt.

Fälle, die unaufgeklärt bleiben, nennt die Kriminalpolizei in ihrem Fachjargon »nasse Fische«. Ernst Gennat pflegt seinen eigenen Sprachgebrauch und spricht von »Schamott«. Auch den Mordfall Rahel Jakobi führt er zunächst unter dieser Rubrik.

An einem sonnigen Augusttag des Jahres 1925 platzt Kommissar Lehmann vom Erkennungsdienst in Gennats Büro und fuchtelt mit Papieren herum.

»Herr Kriminalrat, ich muss Sie dringend sprechen.«

»Jetzt nicht«, knurrt Gennat misslaunig, denn er brütet gerade über der geplanten Reform der Abteilung »Kapitalverbrechen«.

»Es ist aber wichtig«, insistiert Lehmann. »Der Mörder der Rahel Jakobi ist identifiziert.«

Jetzt ist Gennat doch ganz Ohr und fordert Lehmann auf, sich zu setzen und zu berichten.

Zu der überraschenden Identifizierung kam es folgendermaßen: Erst lange nach dem Ersten Weltkrieg kam eine zaghafte internationale Zusammenarbeit unter den Polizeibehörden in Gang. So übersandte der Erkennungsdienst der Berliner Kriminalpolizei die Fingerabdrücke aus dem Fall Jakobi immer wieder an ausländische »daktyloskopische Zentralstellen«. Den letzten Versuch unternahm Kommissar Lehmann im August 1925. Wenige Tage später teilte der Kopenhagener Erkennungsdienst mit, die Fingerabdrücke seien mit denen eines in Kopenhagen als sogenannter »lästiger Ausländer« daktyloskopierten deutschen Staatsbürgers identisch.

Die am Tatort in der Novalisstraße zurückgelassenen Fingerabdrücke gehören demnach eindeutig dem Kaufmann Kurt Danielowski, der zurzeit in Berlin in der Auguststraße wohnt. Danielowski ist kein unbeschriebenes Blatt. Außer der dänischen hat sich die Schweizer, später auch die holländische Polizei mit ihm beschäftigt und in Danzig, seiner Heimatstadt, hat er wegen Diebstahls eine Haftstrafe verbüßt.

Gennats Freude über die unverhoffte Entdeckung hält sich allerdings in Grenzen. Fingerabdrücke allein beweisen noch keinen Mord! Sie belegen nur, dass Danielowski im Lokal der Jakobi gewesen ist. Zunächst besteht gegen ihn nur der dringende Verdacht des schweren Diebstahls. Die Bluttat muss die Kripo ihm erst noch nachweisen.

Danielowski fällt aus allen Wolken, als er am 27. August 1925 verhaftet wird und bestreitet jede Schuld. Er könne gar nicht der Täter sein, behauptet er, denn 1917 sei er Soldat gewesen und habe im Sommer desselben Jahres in Mons in Belgien im Lazarett gelegen. Nach seiner Genesung habe er Urlaub erhalten und sei über Aachen und Berlin nach Graudenz gefahren, dem Standort des Ersatzbataillons des Regiments 175. Danielowski gibt allerdings zu, sich einige Tage in Berlin aufgehalten und »durchgebummelt« zu haben. Das müsse allerdings schon im August 1917 gewesen sein.

»Erinnern Sie sich wenigstens an Namen von Ärzten, Krankenschwestern oder Kameraden im Lazarett?«, will Gennat wissen.

»Nee, das ist doch schon ewig her.«

»Wie lange Sie im Lazarett waren, wissen Sie aber noch.«

»Sechs bis acht Wochen. Wegen der Rippenbrüche musste ich fast die ganze Zeit in Schienen liegen. Das hat höllisch wehgetan! Und in Graudenz kam ich wegen einer Hautkrankheit gleich wieder ins Lazarett.«

»Schön.« Gennat geht nicht weiter darauf ein und fährt fort: »Und wie erklären Sie es sich, dass wir Ihre Fingerabdrücke im Lokal der Ermordeten gefunden haben?«

»Keine Ahnung.«

»Sie streiten also ab, zum besagten Zeitpunkt in dem Lokal in der Novalisstraße gewesen zu sein.«

Danielowski zuckt wieder mit den Schultern: »Kann sein. Mit dem Mord habe ich jedenfalls nichts zu tun.«

Gennat lässt ihn wieder abführen und stellt weitere Nachforschungen an.

Das Zentralnachweisamt für Kriegsgräber und Kriegsverluste in Spandau teilt ihm am 28. August 1925 mit: Kurt Danielowski, der ehemalige Reserveunteroffizier, war vom 29. Mai 1917 bis 15. Juni 1917 im Lazarett in Mons, dann wurde er aber nicht nach Graudenz, sondern nach Lüneburg entlassen, wo er vom 17. Juni bis 19. September ebenfalls wegen eines Hautleidens im Lazarett war.

Lüneburg! Gennat glaubt seinen Augen nicht zu trauen. Schon damals hat es eine Spur nach Lüneburg gegeben, die Ermittlungen verliefen jedoch im Sande.

Das lässt Gennat keine Ruhe. Noch am selben Tag nimmt er Kontakt zur Kripo Lüneburg auf. Er will den Lazarettarzt ausfindig machen, der Danielowski seinerzeit behandelt hat.

Beim Studium der alten Akten entdeckt er noch etwas Interessantes: Die Kollegen fanden seinerzeit heraus, dass Frau Jakobi aus ihrer Schankwirtschaft heraus einen illegalen Juwelenhandel betrieb. Und nur durch Zufall erfuhren die Ermittler, dass Rahel Jakobi bei der städtischen Stadtsparkasse in Lüneburg über zwei Konten mit jeweils mehr als tausend Mark verfügte. Die Lüneburger Polizei beschlagnahmte die Sparbücher und übergab sie der Berliner Kriminalpolizei. Zudem wurde offenbar, dass der Ehemann der Jakobi, von dem sie getrennt lebte, in Lüneburg wohnte und einen lockeren Kontakt zu seiner Frau in Berlin unterhielt. Jakobi war der Polizei einschlägig bekannt. Er handelte im großen Stil schwarz mit Lebensmitteln und auch seine Frau soll er regelmäßig mit Mangelwaren versorgt haben, die er ihr durch Soldaten zukommen ließ. Obwohl es bekannt war, dass Schieber und Schwarzhändler gefährlich lebten, konnte ein Zusammenhang zwischen dem illegalen Handel und dem Mord an Rahel Jakobi nicht nachgewiesen werden.

Gennat vermutet – vielleicht nicht zu Unrecht – schlampiges Vorgehen bei den Ermittlungen, denn den engen Beziehungen, die die Jakobi nach Lüneburg gehabt hat, ist offenbar nicht nachgegangen worden, was er als ein schweres Versäumnis ansieht. Gennat stellt die Akte zurück in den Schrank und denkt nach. Es kann also nicht ausgeschlossen werden, dass der Ehemann der Jakobi mit Danielowski bekannt gewesen ist und ihn zu dem Mord angestiftet hat.

Der Chef der Kriminalpolizei, Regierungsdirektor Dr. Bernhard Weiß, gibt Ernst Gennat, der laut der Akten jetzt Kriminal-Oberinspektor ist, grünes Licht und lässt ihn in Begleitung des Kollegen Mundt nach Lüneburg fahren.

Doch Jakobi kann nicht mehr vernommen werden. Er ist, wie die Ermittler von dessen Schwester erfahren, bereits 1919 verstorben. Sie habe zu ihrem Bruder nur wenig Kontakt gehabt, sagt sie, und könne weder etwas über seinen Umgang noch über seine Lebensgewohnheiten sagen. Sie weiß nur, dass er regelmäßig in der Bahnhofswirtschaft verkehrt habe.

Die Inhaberin besagter Wirtschaft, die Witwe Schulze, bestätigt, dass Jakobi durch Soldaten Lebensmittel an seine Frau geschickt habe. Ob dieser Soldat aber ein gewisser Danielowski gewesen sei, vermag sie nicht zu sagen.

Erst jetzt, acht Jahre nach dem Mord, stellt sich heraus, dass die Verbindungen der Jakobi nach Lüneburg weitaus enger gewesen sind als vermutet. Gennat macht eine damalige Freundin der Rahel Jakobi ausfindig. Sie erteilt bereitwillig Auskunft und erzählt, sie habe in einer Lüneburger Tageszeitung regelmäßig Annoncen für Rahel aufgegeben, worin diese für ihr Lokal in Berlin Dienstmädchen gesucht habe, die dann aber bei ihr, für wenig Geld, kellnern mussten.

Auch melden sich zwei Ärzte, die seinerzeit im Lazarett im Dienst waren. Zwar können sie sich an Danielowski nicht erinnern, berichten aber, es sei an der Tagesordnung gewesen, dass leicht Verwundete das Lazarett heimlich verließen und sich mit Mädchen herumtrieben. Kontrollen seien im Allgemeinen nicht durchgeführt worden. Leicht Verwundete konnten das Lazarett ohnehin Sonnabendmittags verlassen und brauchten erst Montag früh wiederzukommen. Nicht einmal Eintragungen seien darüber erfolgt.

Wirklich weiter bringen diese Aussagen die Ermittlungen allerdings nicht, und die anfängliche Euphorie weicht schon bald der Ernüchterung.

Den Durchbruch bringt erst die Aussage des Ehepaares Wagner, der Inhaber der Pension, in der Danielowski nach seinem Lazarettaufenthalt gewohnt hat. Die Wagners erinnern sich, Danielowski durch einen gewissen Robert Herzog kennengelernt zu haben. Beide handelten angeblich mit Gold und Brillanten, hätten ein ausschweifendes Leben geführt und sich mit Lüneburger Strichmädchen herumgetrieben.

Zwei davon, die Schwestern Emma und Marie Böhm, sind schnell ermittelt. Doch nur Marie kann noch vernommen werden. Emma ist inzwischen verstorben. Die Überprüfung der Personalien bringt indes Verblüffendes zutage: Frau Jakobi engagierte ausschließlich Dienstmädchen, die ihr von ihrem Mann und einer Freundin aus Lüneburg vermittelt worden waren. Zu diesen Dienstmädchen gehörten auch Emma und Marie Böhm, die bis kurz vor der Tat bei der Jakobi angestellt waren. Ein Anfangsverdacht gegen die Schwestern war bereits damals aufgekommen, es gab allerdings keinerlei stichhaltige

Beweise gegen sie. Nun scheint ihre Verstrickung in den Raubmord doch wahrscheinlich.

Am 3. September 1925 um elf Uhr abends wird Marie Böhm in einer Konditorei in Lüneburg festgenommen und nach Berlin überführt.

Gleich im ersten Verhör im Berliner Polizeipräsidium gesteht sie ein, indirekt in den Fall verwickelt zu sein. Danielowski habe vorgeschlagen, Frau Jakobi, von der er wusste, dass sie einen illegalen Schmuckhandel betrieb, zu überfallen. Sein Plan: Er wollte sie mit einem Schlafpulver betäuben, das er sich von den beiden Schwestern besorgen ließ. Sie hätten es ihm in einem Café in der Friedrichstraße ausgehändigt, danach hätten sie sich getrennt und erst am Abend auf dem Lehrter Bahnhof wiedergesehen, wo er ihnen den Anteil aus dem Raub übergeben habe. Dabei habe er ihnen gesagt, dass es zu einem Zwischenfall gekommen sei. Das Pulver habe nicht gewirkt und im Laufe eines Streits habe er Rahel Jakobi erwürgt.

Konfrontiert mit der Aussage der Böhm, legt Danielowski ebenfalls ein Geständnis ab, widerspricht jedoch ihren Angaben in entscheidenden Punkten. Seiner Aussage zufolge sind die Schwestern die Anstifterinnen gewesen. Sie hätten die Idee gehabt, die Jakobi zu betäuben und dann zu bestehlen. Er habe sich von ihnen lediglich überreden lassen. Die Mädchen seien es auch gewesen, die Frau Jakobi betäubt hätten. Erst dann hätten sie ihn durch die Hintertür in die hinter dem Lokal liegende Wohnung gelassen. Aussage steht gegen Aussage.

Nach acht Jahren ist der Fall Jakobi endlich aufgeklärt, denn dass Danielowski und die Böhm schuldig sind, daran besteht kein Zweifel. Die Frage ist nur: Werden die beiden wegen Mordes oder wegen Totschlags angeklagt? Über den Prozess und das Urteil ist nichts bekannt.

Tod im Stundenhotel

Ungeachtet der Fortschritte, die die Kriminaltechnik in den Zwanzigerjahren macht, stößt die Kriminalpolizei bei ihrer Arbeit immer wieder an Grenzen – nämlich dann, wenn ein Täter so gut wie keine Spuren hinterlässt, am Tatort von niemandem gesehen wird und sich auch sonst in keiner Weise verdächtig macht. Bleibt selbst die öffentliche Fahndung mit ausführlichen Meldungen in der Presse, im Rundfunk oder mittels Plakaten ohne Resonanz, dann müssen die Ermittler ihre Hartnäckigkeit und ihr kriminalistisches Können unter Beweis stellen.

Am 2. Juli 1927, gegen ein Uhr morgens, lässt die Nachtglocke den Portier des Hotels »Weinmeisterhof« in der Rosenthaler Straße 65 aus seinem Nickerchen hochschrecken. Ein Pärchen fragt nach einem Zimmer. Dass es nur für eine Nacht sein soll, brauchen sie nicht hinzuzufügen. Hier will niemand länger bleiben. Der Portier legt ihnen den Meldezettel vor und greift nach einem Schlüssel.

»Nummer elf im zweiten Stock«, nuschelt er. »Ich muss Sie hochbringen. Is zugesperrt. Wird so viel geklaut in letzter Zeit.« Er nimmt ein Schlüsselbund aus der Schublade des Tresens und steigt vor dem Paar die Treppe hinauf. Eine Art Bretterverschlag mit einer primitiven Tür aus Holzlatten trennt die Treppe von dem Gang, von dem die Zimmer abgehen. »Zimmer elf is gleich rechts«, murmelt er, indem er die eigentümliche Zwischentür aufsperrt. »Um sieben Uhr wird geweckt. Wenn Sie vorher weg wollen, müssen Sie klingeln.« Hinter den beiden schließt er wieder ab und schlurft die Treppe hinunter. Mit dem Glockenschlag um sieben Uhr übernimmt der Wirt persönlich das Wecken, klopft an jede Tür und wartet, um sicherzugehen, dass die Gäste auch tatsächlich wach sind, auf Antwort. Zweimal muss er an Zimmer elf klopfen, bis er von drinnen eine Frauenstimme vernimmt: »Es dauert noch einen Moment.«

»Dann müssen Sie klingeln, wenn Sie raus wollen«, ruft er durch die geschlossene Tür und geht. Kurz nach acht Uhr klingelt es aus Zimmer elf. Das Zimmermädchen eilt nach oben, um die Zwischentür aufzuschließen. Kaum hat sie den Schlüssel herumgedreht, wird die Tür so heftig von der anderen Seite aufgestoßen, dass sie buchstäblich an die Wand fliegt. Sie nimmt nur einen Schatten wahr und hört, wie jemand die Treppe hinunterrennt und die Eingangstür zuknallt.

Die Tür von Zimmer elf steht offen. Auf dem Bett liegt eine Frau, halb zugedeckt und anscheinend vollständig bekleidet. Das Zimmermädchen tritt an das Bett, weicht aber gleich wieder entsetzt zurück. Die Frau starrt aus leeren Augen an die Decke; aus ihrem Mund fließt Blut. Einen Aufschrei unterdrückend, stürzt das Mädchen aus dem Zimmer und rennt nach unten.

Wenig später sind Ernst Gennat, die Kommissare Lobbes und Zapfe, die die Ermittlungen leiten werden, sowie der Gerichtsarzt am Tatort. Ihnen folgen die Beamten der Spurensicherung.

Der Arzt hat keinen Zweifel: Die Frau ist keines natürlichen Todes gestorben. Ihr Hals weist deutliche Würgemale und scharfe Eindrücke von Fingernägeln auf. Neben dem Bett liegt eine Handtasche. Sie enthält ein Portemonnaie mit zehn Mark, Schminkutensilien, aber keine Ausweispapiere. Doch die Tatsache, dass die Frau in diesem Hotel aufgefunden wird, legt den Schluss nahe, dass es sich um eine Prostituierte handelt. Gennat lässt sich den Meldezettel zeigen. »Erich Lehmann und Frau, geborene Reimann«, liest er und schüttelt den Kopf. »Papier ist geduldig.« Wer gibt schon, wenn er in einer solchen Absteige nächtigt, seinen richtigen Namen preis? Und nach Ausweispapieren fragt hier niemand. Der Nachtportier ist der Polizei keine Hilfe. Er kann das Paar nicht beschreiben. Er habe im Laufe der Jahre gelernt, durch die Gäste hindurchzuschauen, sagt er.

Die Frau ist zwar allem Anschein nach nicht vergewaltigt worden, dennoch geht Gennat nicht von einem Raub-, sondern von einem Lustmord aus. Doch zunächst muss die Tote identifiziert werden. Die Zeitungen veröffentlichen eine detaillierte Beschreibung, und auch der Rundfunk berichtet ausführlich.

Der Erfolg lässt nicht lange auf sich warten. Schon am nächsten Morgen erscheint der Arbeiter Horst Schmidt in Gennats Büro. Die Beschreibung der Ermordeten, sagt Schmidt, passe auf die 25-jährige Else Arndt, die seit drei Jahren bei ihnen in der Alexandrinenstraße zur Untermiete wohne. Auf die Frage, womit Else Arndt ihren Lebensunterhalt verdiene, zuckt Schmidt mit den Schultern. »Sie war mal irgendwo Hausangestellte, jetzt geht sie wohl anschaffen«, vermutet er. Schmidt und seine Ehefrau erklären sich bereit, die Ermordete zu identifizieren, und begleiten die Kommissare ins Leichenschauhaus. – Sie sind sich sicher. Bei der Toten handelt es sich um ihre Untermieterin Else Arndt.

Wie immer lässt Gennat auch diesmal seine Kommissare nicht aus den Augen und gibt präzise Anweisungen. Lobbes und Zapfe beginnen ihre

Ermittlungen im vermuteten Umfeld der Toten, in den Lokalen in der Rosenthaler, der Münz- und der Weinmeisterstraße. Sie bringen in Erfahrung, dass Arndt gelegentlich tatsächlich in dieser Gegend anschaffen ging. Hinweise auf einen Freier, mit dem sie in der Nacht vom 2. auf den 3. Juli in den Weinmeisterhof gegangen sein könnte, bleiben allerdings aus. Doch Lobbes und Zapfe geben nicht auf. Sie schlagen sich weitere Nächte in den einschlägigen Kaschemmen des Scheunenviertels um die Ohren. Keine leichte Arbeit, denn sie haben nicht einmal eine Beschreibung des vermutlichen Täters.

Um dem Gedächtnis des Publikums auf die Sprünge zu helfen, setzt der Polizeipräsident eine Belohnung von 1000 Mark aus. Es passt den Kommissaren ganz und gar nicht, dass sie am 6. August mit einem neuen Fall betraut werden. Lieber würden sie im Mordfall Else Arndt am Ball bleiben.

»Hört auf zu jammern. Ihr wisst selbst, dass ich zu wenige Leute habe«, schnauft Gennat missmutig und weist mit seinem dicken Zeigefinger nach oben. »Die hohen Herrschaften bewilligen der Kriminalpolizei nun mal keine Mittel für zusätzliches Personal. Ein Trauerspiel ist das!«

In der Kurfürstenstraße 145, in der Wohnung hinter dem Laden des Seifenhändlers Paul Gutowski, wartet ein grausiger Fund auf die Kommissare: Eine stark verweste Frauenleiche – und zwischen deren Beinen ein totes Neugeborenes, das nicht einmal abgenabelt ist.

Das Obduktionsergebnis fällt für die Kriminalpolizei keineswegs befriedigend aus. Anzeichen von äußerer Gewaltanwendung können nicht festgestellt werden. Ein Abtreibungsversuch kann ebenfalls ausgeschlossen werden. Höchstwahrscheinlich handelt es sich, so heißt es im Bericht, um eine sogenannte Sarggeburt. Das bedeutet: Der Geburtsvorgang hat erst eingesetzt, als die Frau schon tot war.

Der Wohnungsinhaber Paul Gutowski ist offenbar seit Tagen nicht mehr in seiner Wohnung gewesen. Ist er untergetaucht? Hat er den Tod der Frau auf eine bisher noch nicht ermittelte Art und Weise verschuldet?

In der Handtasche der Toten befinden sich auch deren Papiere. Es handelt sich um die in Bayern geborene 20-jährige Hausangestellte Hedwig Östreich, die als Fürsorgezögling in der Hohenstaufenstraße 66 in Schöneberg bei Pflegeeltern wohnte. Diese werden umgehend verständigt.

Von der Pflegemutter erfahren die Ermittler, dass das Mädchen am Mittwoch, dem 3. August, die Wohnung verlassen habe und trotz ihrer fortgeschrittenen Schwangerschaft tanzen gehen wollte. Wer der Vater des Kindes ist, kann sie nicht sagen. Hedwig hat es offenbar selbst nicht gewusst. Vermutlich hat Paul Gutowski Hedwig in einem Tanzlokal kennengelernt und sie schließlich mit in seine Wohnung genommen. Aber was ist dann passiert? Im Zuge der Überprüfung der Personalien Gutowskis macht die Kripo eine interessante Entdeckung. Der 36-Jährige ist ein ehemaliger Polizeiobermeister. Er soll zur Fahndung ausgeschrieben werden.

Doch die Polizei steht vor einem Dilemma: Sie hat nur ein einziges Foto von Gutowski, und das zeigt ihn dummerweise in Polizeiuniform und -mütze. Doch die Schutzpolizei soll nicht in Misskredit gebracht werden, zumal er schon im November 1926 seinen Dienst quittiert hatte, um die Seifenhandlung zu eröffnen. So wird das Foto »streng vertraulich« an einen Fotografen gegeben, der sich aufs Retuschieren versteht. Die Uniform unkenntlich zu machen, ist kein Problem, bei der Mütze ist dies hingegen schwieriger. Dennoch gelingt es dem Fotokünstler, sie als Chauffeur-Mütze zu gestalten. Und so wird das Foto für die Fahndungsplakate und die Veröffentlichung in der Presse freigegeben.

Die cleveren Berliner Journalisten lassen sich aber nicht so leicht an der Nase herumführen. Sie durchschauen den Trick, retuschieren ihrerseits und machen zumindest eine Art Uniform wieder sichtbar.

Ob Uniform oder nicht: Vonseiten der Bevölkerung geht nicht ein einziger Hinweis ein. Und so staunen Gennat, Lobbes und Zapfe umso mehr, als Paul Gutowski am 12. August, sechs Tage nach dem Leichenfund in seiner Wohnung, freiwillig auf dem Polizeipräsidium erscheint. Er habe in der Zeitung gelesen, dass die Polizei nach ihm fahnde. Ja, er habe Hedwig Östreich an dem Abend mit nach Hause genommen. Plötzlich habe sie starke Schmerzen bekommen und sich hingelegt. Nach einer gewissen Zeit, er dachte, sie schlafe, habe er bemerkt, dass sie tot sei. Aus Furcht, man könne ihn für ihren Tod verantwortlich machen, habe er in Panik die Wohnung verlassen und sei seitdem in der Gegend herumgeirrt.

Gennat kann sein Misstrauen nicht begründen, aber er glaubt dem Mann kein Wort. Vielleicht ist es tatsächlich der siebte Sinn des Kriminalisten, als ihm plötzlich eine Idee kommt.

In dem Hotelzimmer in der Rosenthaler Straße sind auf einem Glas zwei Fingerabdrücke sichergestellt worden, die nicht von Else Arndt stammen. Gennat zögert nicht lange. Er lässt Gutowskis Fingerabdrücke nehmen und sie mit denen aus dem Hotelzimmer vergleichen.

Volltreffer! Die Fingerabdrücke sind identisch. Demnach ist Gutowski der Mann, der mit Arndt im Hotel Weinmeisterhof gewesen ist! Aber ist er auch ihr Mörder? Gutowski leugnet. Wieder und wieder stellen Gennat und Lobbes ihm in endlosen Verhören dieselben Fragen, legen Schritt für Schritt das Beweismaterial vor: die Fingerabdrücke und den Meldezettel, der dem Schriftsachverständigen zufolge mit Sicherheit von Gutowski alias Lehmann ausgefüllt worden ist.

Nach tagelangen Verhören legt Gutowski endlich ein Geständnis ab: Er habe Else Arndt zufällig auf der Straße kennengelernt und im Verlaufe eines Streites erwürgt.

Aber ist der rätselhafte Tod von Hedwig Östreich tatsächlich nur auf unglückliche Umstände zurückzuführen? Die Ermittler zweifeln weiter daran.

Lobbes und Zapfe beginnen im Umfeld Gutowskis zu ermitteln und erfahren von den Nachbarn, dass dieser seinen Seifenladen äußerst nachlässig geführt und deswegen auch in finanziellen Schwierigkeiten gesteckt haben soll.

Auf Gennats Rat konzentrieren Lobbes und Zapfe ihre Ermittlungen auf Gutowskis unmittelbares Umfeld, speziell auf sein Stammlokal in der Kurfürstenstraße 40.

Der Wirt Leo Kaschur sagt aus, dass Gutowski ein sehr umgänglicher und angenehmer Mensch sei, der Stammgast in seinem Lokal gewesen ist: Er sei regelmäßig, manchmal auch mit seinem Freund, einem Friseur aus der Nachbarschaft, zum Mittagessen und abends zum Skatspielen gekommen. Sonst sei er immer allein da gewesen. Mädchen habe er nie mitgebracht.

Seit Anfang März habe er sich das Mittagessen jedoch täglich von Erika Petzold, Kaschurs Haushaltshilfe, in das Seifengeschäft bringen lassen. Seit Ende März sei Gutowskis Laden dann immer mal wieder, angeblich wegen Krankheit, für ein paar Tage geschlossen gewesen.

Erika Petzold kann die Aussage bestätigen. Anfangs habe sie mit dem Seifenhändler noch geplaudert. In der letzten Zeit sei er aber immer darauf bedacht gewesen, sie schnell wieder loszuwerden. Einige Tage vor dem Auffinden der Leiche von Hedwig Östreich hörte sie aus dem hinteren Raum eine Frauenstimme, und als Gutowski sie mit dem Essen hereinkommen sah, habe er nach hinten gerufen: »Sei still, es kommt jemand!« Sie habe das Essen auf den Ladentisch gestellt und sei gegangen.

Aufgefallen sei ihr auch, dass er sein Schaufenster mit Papier verklebt habe, sodass niemand mehr hineinschauen konnte.

Der Friseur Karl Gilde, der seinen Salon ebenfalls in der Kurfürstenstraße 145 hat und Gutowski seit Kindesbeinen kennt, hat für die Tatsache, dass dieser sein Geschäft nur noch selten öffnet, eine andere, viel einfachere Erklärung: Paul Gutowski trinke manchmal zu viel und würde wohl seinen Rausch ausschlafen wollen. Von anderen Nachbarn ist er aber nie betrunken gesehen worden.

Was den Tod von Hedwig Östreich betrifft, kann Gutowski ebenfalls keine Schuld nachgewiesen werden. Nur des Mordes in der Rosenthaler Straße kann er überführt werden.

Paul Gutowski wird am 9. Juni 1928 vom Schwurgericht beim Landgericht I zu einer Zuchthausstrafe von drei Jahren und sechs Monaten unter Anrechnung der Untersuchungshaft und zu fünf Jahren Ehrverlust verurteilt.

Die Annonce

Der Anhalter Bahnhof an einem Sommerabend im Juli 1921. Kurz nach 20 Uhr fährt der Zug aus Frankfurt am Main ein. Reisende stecken die Köpfe aus den Abteilfenstern und halten Ausschau nach Verwandten und Bekannten, die sie auf dem Bahnsteig erwarten.

Den jungen Mann, der aus dem Wagen der vierten Klasse klettert, erwartet niemand. Doch mit seinen ausgebeulten Hosen, der altmodischen Joppe, dem graugrünen spitzen Hut und dem abgewetzten Koffer zieht er spöttische Blicke auf sich. Unverkennbar ein Provinzler!

In der Tat: Der gelernte Möbelflechter Benedikt Wehner, von seinen Freunden Benno genannt, stammt aus dem schönen Tirol. Das idyllische Inntal ist ihm jedoch zu eng geworden und nachdem er in einer Ziegelei im Hessischen etwas Geld verdient hat, will er sich einen langgehegten Wunsch erfüllen: Endlich nach Berlin in die Metropole, wo man mit ein bisschen Glück Stroh zu Gold machen kann!

Nun steht der 23-Jährige staunend auf dem Anhalter Bahnhof. Das ist ja gigantisch, denkt er. Diese riesige, prächtige Halle, fast wie eine Kathedrale, in der die Lokomotiven wie Spielzeuge aussehen!

Da er in Berlin keine Menschenseele kennt, weiß er nicht, wohin er sich wenden soll. So lässt er sich erst einmal todmüde auf einer Holzbank im Wartesaal vierter Klasse nieder, wo Morpheus den Tiroler schnell in seine schützenden Arme nimmt. Seines Gepäcks indes erbarmen sich keine Schutzgeister.

Als Benno aus seligem Schlaf erwacht, läuft ihm ein kalter Schauer über den Rücken. Sein Koffer ist weg! Böses ahnend tastet er seine Joppe ab. Die Brieftasche mit allen Ersparnissen, ganze 700 Mark, seine Taschenuhr vom lieben Großvater, alles weg! Benno ist ausgeraubt worden. Allein an seinem graugrünen Tirolerhut hat kein Dieb Gefallen gefunden. Der liegt noch friedlich neben ihm.

Mittellos und verzweifelt steht der Unglücksrabe in der kaltherzigen Metropole und weiß nun noch viel weniger, wohin er sich wenden soll. Während er mit den Tränen ringt, kommt ein heruntergekommener, nicht mehr ganz junger Mann auf ihn zu und nimmt sich seiner an. Er führt den unbedarften Benno in die Neue Schönhauser Straße, ins Café Dalles, das Hauptverkehrslokal der Verbrecherwelt, um das sich unzählige Legenden und Schauergeschichten ranken.

Bennos neuer Freund, Ratten-Otto genannt, ist auf Kellereinbrüche spezialisiert. Seine Vorliebe:

Privatkeller schlecht verschlossener Mietshäuser. Benno kommt ihm wie gerufen, denn jetzt will er endlich ein ganz großes Ding drehen: Einen Kellereinbruch in einer Textilhandlung. Otto erklärt dem nichtsahnenden Jungen seinen Plan: »Keen Risiko! Ick hab allet janz jenau ausbaldowert. Und wir machen natürlich Kippe!« Benno, mit dem Berliner Gaunerjargon nicht vertraut, schaut seinen vermeintlichen neuen Freund verständnislos an. »Halbe-halbe! Kapiert?«, erklärt Ratten-Otto.

In der folgenden Nacht gehen die beiden auf Tour. Doch der Nachtwächter der Textilhandlung ist ein cleverer Bursche und so kann die Polizei die beiden Kleinganoven noch vor Ort beim Schlafittchen nehmen. Für Benno Glück und Unglück zugleich. Zwar ist die Strafanstalt Plötzensee nicht gerade ein Luxus-Hotel, doch sind ihm so wenigstens drei Monate freie Unterkunft mit Vollpension, ja sogar mit frischer Wäsche, garantiert.

Als er im November aus der Haft entlassen wird, ist er genauso weit wie im Juli: Er ist mutterseelenallein, denn sein Kumpan von dem missglückten Kellereinbruch muss noch ein paar Monate sitzen. Benno hat keinen Pfennig Geld in der Tasche. Sein einziger Besitz: der spitze Tirolerhut. So geht Benno von Plötzensee schnurstracks ins Café Dalles. Um sich etwas zu essen kaufen zu können, muss er betteln. Aber auch das will gelernt sein. Und wo kann man bessere Lehrmeister finden als in dieser berühmt-berüchtigten Kaschemme?

Benno schließt auch gleich mit einem wahren Experten auf diesem Gebiet Freundschaft. Der 21-jährige Willi Scharkowski, wegen seiner überdurchschnittlichen Größe und der schönen blonden Haare der »lange Blonde« genannt, ist der ungekrönte König der »Schmalmacher«, wie man die Meisterbettler in einschlägigen Kreisen nennt. Der gelernte Automobilschlosser aus Reinickendorf nimmt sich des unbeholfenen Jungen an und unterweist ihn in der hohen Kunst des Bettelns, im Szenejargon »fechten« genannt.

So lernt Benno, sich beim Betteln an der Wohnungstür, besonders in den besseren Wohngegenden im Neuen Westen, gründlich umzusehen, ob sich nicht ein Einbruch oder ein Überfall lohnt. »Du siehst so unschuldig aus«, meint Willi, »dass dich die Leute bestimmt in die Wohnung lassen und dir 'ne Stulle oder einen Teller Suppe geben. Bescheiden musst'e sein und 'n bissken uff de Tränendrüse drücken. Und merke dir jenau, ob die Reichlings Teppiche haben oder sonst was Wertvolles. Wenn du selbst den Bruch nicht machen kannst, dann find'ste unter unsern Leuten immer eenen, der dir die Annonce abkooft und dich am Jewinn beteiligt. Wenn de clever bist, kannst'e zehn Prozent rausschlagen.«

Mühsam bestreitet so der unbedarfte Benno aus Tirol im gnadenlosen Berlin seinen Lebensunterhalt: durch Betteln und den Verkauf von Annoncen. Doch die Geschäfte gehen schlecht.

Ende November 1921 steigt ein grimmiger alter Mann am Savignyplatz in die Stadtbahn. Der 75-jährige Gabriel Alexander ist ein rechter Sonderling, um nicht zu sagen, ein Stinkstiefel und ein Geizhals erster Güte. Seit Jahren betreibt der Kaufmann einen Konfitürengroßhandel, verkauft Kekse, Schokolade, Marzipan und in der Weihnachtszeit Pfeffer- und Lebkuchen an Einzelhändler. In der Wielandstraße 12, wenige Schritte vom Kurfürstendamm entfernt, bewohnt er zusammen mit seinem 41-jährigen Sohn Richard eine Fünfzimmerwohnung in der vierten Etage.

Am Bahnhof Börse (heute Hackescher Markt) steigt Alexander aus und geht zielstrebig die Rosenthaler Straße hinunter. In einer der billigen Volksgaststätten, die es rund um die Neue Schönhauser- und die Münzstraße in großer Zahl gibt, pflegt er fast regelmäßig sein Mittagessen einzunehmen. Nicht allein das preiswerte Essen treibt den alten

Mann in diese Gegend. Zugleich sieht er sich hier nach »Mitarbeitern« um, denn für die Auslieferung seiner Waren braucht er Botenjungen. Er heuert seine Hilfskräfte unter den Ärmsten der Armen an, die »für 'n Appel und 'n Ei« arbeiten, unter den Arbeits- und Obdachlosen, die in den Bahnhofshallen herumlungern oder in den billigen Volksgaststätten auf einen Spendierer hoffen. So heuert er auch Willi und Benno an.

Am 6. Dezember 1921 kehrt Richard Alexander, der Prokurist bei einer großen Spielwarenfirma in der Ritterstraße ist, gegen 22.00 Uhr aus dem Büro zurück. Schon auf halber Treppe bemerkt er, dass die Wohnungstür nur angelehnt ist, obwohl sein Vater sie aus Furcht vor Einbrechern stets verschließt.

Vorsichtig stößt er die Tür auf. Das Licht aus dem Flur fällt in die dunkle Wohnung und Richard erkennt, dass auch die Tür zum Wohnzimmer offen steht. Ebenfalls ungewöhnlich, hält sein Vater sie doch immer geschlossen, da das Wohnzimmer der einzige Raum in der Wohnung ist, der geheizt werden darf!

Richard macht Licht. Im ersten Moment sieht er nur die Füße seines Vaters, die über die Sofalehne ragen. Er ist von Kopf bis Fuß so fest in eine dicke Plüschdecke eingewickelt, dass Richard Mühe hat, einen Zipfel hervorzuziehen, um ihn aus seiner misslichen Lage zu befreien. Aber jede Hilfe kommt zu spät. Der geknebelte Vater ist erstickt.

Die Kommissare Gennat und Bunge, Oberregierungsrat Hoppe, der Gerichtsarzt Dr. Straßmann sowie die Beamten von der Spurensicherung treffen gegen 1.30 Uhr am Tatort ein. Kaum haben die Männer von der Mordkommission den Flur des Hauses Wielandstraße 12 betreten, als die Portiersfrau, die am Fenster auf das Eintreffen der Kriminalpolizei gewartet hat, den Kopf durch den Türspalt steckt. Ein großgeblümter Morgenmantel und rosa Pantoffeln werden sichtbar. Den populären Gennat erkennt sie auf den ersten Blick. »Also Herr Kommissar, ick hätte ja nischt jesagt, aber sagen Se doch mal selber: Man holt sich doch nich solches Jesindel von die Straße in die Wohnung. Das musste ja so kommen, dass den Alten mal jemand abmurkst!«

»Lassen Sie uns erst einmal unsere Arbeit machen«, vertröstet Gennat sie und zieht seine Melone. »Wir reden später, gnä' Frau.«

Von Richard Alexander erfährt Gennat, was die Portiersfrau bereits angedeutet hat, nämlich von der Gewohnheit Gabriel Alexanders, seine Botenjungen unter Bettlern und Obdachlosen von der Straße aufzulesen.

»Ihr Vater muss ein sehr leichtsinniger Mensch gewesen sein,« meint Gennat.

»I wo«, Richard lacht bitter, »Vater war das personifizierte Misstrauen. Nicht einmal eine Hausangestellte hat er geduldet, aus Angst, sie könnte etwas stehlen. Selbst den Banken hat er misstraut, deshalb hat er seine gesamten Ersparnisse ständig in seiner Brieftasche mit sich herumgetragen.«

Aus der braunledernen Brieftasche, die auf dem Sofatisch liegt, fehlen nach Angaben des Sohnes etwa 10 000 Mark. Sonst ist in der Wohnung weder etwas angerührt noch durchwühlt worden. Das Ergebnis der Spurensicherung fällt mager aus. Verwertbare Fingerabdrücke finden sich nicht.

In der Nacht hat Gennat mal wieder keine Minute geschlafen. Es ist kurz nach 9 Uhr morgens, und der Kommissar ist noch immer in der Alexanderschen Wohnung. Schon am frühen Morgen hat er zwei Kollegen ausgeschickt, die alle von Alexander belieferten Konfitürengeschäfte aufsuchen, um Beschreibungen der Botenjungen einzuholen.

Gleichzeitig haben zwei Kriminalassistenten damit begonnen, mittelbare und unmittelbare Zeugen des Verbrechens in der Nachbarschaft ausfindig zu machen. Wie ein Lauffeuer hat sich die Nachricht von dem Mord an dem kauzigen alten Mann in der

Wielandstraße herumgesprochen. Niemand zeigt sich wirklich überrascht. Um Zeit zu sparen, vernimmt Gennat die Zeugen aus der Nachbarschaft gleich in der Küche der Alexanders. Zwar meint der eine oder andere, verdächtige Personen beobachtet zu haben, konkrete Angaben vermag jedoch niemand zu machen.

Es ist schon Mittag, als Gennat endlich an der Tür der Portiersfrau klingelt. Neben jeder Menge Klatsch und Tratsch über den »alten Stinkstiefel« kann Frau Preuß als Einzige präzise Angaben über die Geschehnisse am Abend des Mordes machen: Demnach verließ der Alte um 1.30 Uhr noch einmal das Haus. Mit dem Hinweis, er sei in einer Stunde zurück, habe er sich bei ihr abgemeldet. Falls ein junger Mann, einer seiner Botenjungen, nach ihm frage, solle sie ihn bitten, auf ihn zu warten. Es sei auch tatsächlich ein junger Mann gekommen, der dann draußen vor der Tür etwa zehn Minuten gewartet habe. Alexander sei dann zusammen mit dem Jungen nach oben gegangen. Wann letzterer das Haus wieder verließ, vermag sie aber nicht zu sagen. Beschreiben kann sie den Jungen leider auch nicht. Allein sein graugrüner spitzer Filzhut ist ihr in Erinnerung geblieben. Gennat ist schon aus der Wohnungstür hinaus, als sie ihn noch einmal zurückholt. »Da ist noch etwas, Herr Kommissar. Der Junge sprach einen komischen Dialekt. Jedenfalls kam er nicht aus Berlin.«

Die von Alexander belieferten Konfitürenhändler können ebenfalls keine verwertbaren Angaben machen. Wieder einmal werden die roten Mordplakate an die Litfaßsäulen und in die Bahnhofshallen geklebt. Für Hinweise, die zur Ergreifung des Täters führen, wird eine Belohnung von 10 000 Mark ausgesetzt.

Am nächsten Tag, dem 8. Dezember 1921, ist in Gennats Büro die Hölle los. Ein ständiges Kommen und Gehen. Die in Aussicht gestellte Belohnung hat die Menschen mobilisiert. Es ist wieder einmal der Tag der Denunzianten und Wichtigtuer. »Es ist immer dasselbe«, stöhnt Gennat, »die, die man ruft kommen nicht, aber die, die man nicht ruft, kommen gleich zu Hunderten und laden der Kripo eine ungeheure Arbeitslast auf. Viele Leute scheinen einen öffentlichen Fahndungsaufruf als eine Art Lotterie zu betrachten: Sie beteiligen sich mit möglichst allgemein gehaltenen Angaben, um im Falle der Aufklärung behaupten zu können, sie hätten ihrerseits dazu beigetragen.«

Am Nachmittag, Gennat verspeist gerade ein Stück Torte, poltert ein Kleiderschrank von einem

Mann in sein Büro und donnert ein fröhliches »Grüß Gott, allerseits« in den Raum, das die Kaffeelöffel auf den Untertassen klirren lässt. Der Hüne streckt dem verdutzten Gennat seinen Pass hin: »Damit's keine unnützen Fragen stellen müssen.« Gennat wirft einen flüchtigen Blick in das Ausweispapier: Alois Karlhuber, geboren in Straubing.

»Eines will ich aber gleich klargestellt wissen. Ich bin freiwillig aufs Polizeipräsidium gekommen. Ich bin nicht vorgeladen. Der Herr Kommissar Dettmann ist's gewesen, der mir gesagt hat, ich soll meine Aussage gleich bei Gennat machen.«

Wenn Albert Dettmann jemanden schickt, dann steckt mit Sicherheit auch etwas Handfestes dahinter, denkt Gennat. »Na, dann schießen Sie mal los«, fordert er den Besucher auf.

»Das ist so«, beginnt das bajuwarische Urgestein mit dem fröhlichen Gesicht. »Ich bin schon ein paar Jahre bei die Preußen. Als Hausierer, müssen's wissen. Kleiderbürsten, Kämme, Rasierpinsel und so. Ich bin immer ehrlich geblieben. Keine Vorstrafen. Das können's nachprüfen.«

»Und was führt Sie nun zu mir?« Gennat wird ungeduldig.

»Im Café Dalles mach ich immer meine Brotzeit.« Er zieht ein zerknittertes Stück Zeitungspapier aus seiner Jackentasche und streicht es auf Gennats Schreibtisch glatt. Es ist ein Artikel über den Raubmord in der Wielandstraße. »Der Mord hier«, er tippt auf das Papier, »genau so hat der Bub es machen wollen.«

Jetzt ist Gennat ganz Ohr, und Alois erzählt: »Vor ein paar Tagen kam der Benno an meinen Tisch. Der is a bißerl deppert, müssen's wissen, und wollt mit mir ein Ding drehen. Er hat jetzt Arbeit bei einem alten Mann in Charlottenburg, steinreich, aber stinkgeizig. Ausrauben wollt er den Alten. Zum Teufel gejagt hab' ich den Saububen. Zufällig hab' ich mitbekommen, dass der Benno das Ding dann mit dem ›langen Blonden‹ drehen wollte. Und seit dem Mordtag hat die beiden keiner mehr gesehen. Wenn's mich fragen, die sind längst über alle Berge.«

»Kennen Sie die richtigen Namen?«, unterbricht Gennat den Redeschwall des Bayern.

Alois überlegt einen Moment: »Den Benno kenn' ich eben nur als Benno. Der ›lange Blonde‹, das ist, glaube ich, der Scharkowski Willi. Einen Tipp kann ich Ihnen aber noch geben. Im November war wieder mal Razzia im Dalles. Mich hat der Kommissar Engelbrecht in Ruhe gelassen, meine Papiere sind ja in Ordnung. Aber Benno und Willi hat er mitgenommen. Da kann ich mich noch genau dran erinnern.«

»Spricht dieser Benno bayerisch?«

»Der Benno und bayerisch sprechen? Ja, Herrgottsakra, ich hör' wohl nicht recht! Der ist aus Tirol, da wette ich meinen Kopf.«

»Herr Karlhuber«, strahlt Gennat und gibt ihm den Pass zurück, »ich glaube, Sie haben uns einen großen Schritt weitergebracht.«

»Und wo kann ich mir jetzt die Belohnung abholen?«

Verdutzt schaut Gennat ihn an.

»Es ist doch eine Belohnung von 10 000 Mark ausgesetzt!«

»Immer langsam mit die jungen Pferde, noch haben wir die Täter ja nicht.«

»Ja, aber mit meiner Hilfe können Sie die Täter doch jetzt verhaften.«

Trudchen muss sich das Lachen verkneifen und geht schnell in ihr Vorzimmer.

»Wenn wir die Täter haben«, verspricht Gennat, redlich bemüht, ein ernstes Gesicht zu machen, »dann werden Sie die Belohnung bestimmt bekommen.«

Kaum eine Stunde später erscheint Kommissar Ernst Engelbrecht in Gennats Büro. »Ihr habt mal wieder mehr Glück als Verstand. Wir haben euren Benno und den ›langen Blonden‹ damals tatsächlich zur Überprüfung mitgenommen.« Nach einem Blick in die Akte nickt Gennat zufrieden. Die Steckbriefe passen. Die Fahndung wird sofort eingeleitet.

Schnell findet er heraus, dass sich die Gesuchten nach Dresden abgesetzt haben, wo eine Schwester Scharkowskis lebt. Jetzt geht alles sehr schnell. Gennat bittet die Dresdener Kollegen um Amtshilfe und schon wenige Stunden später sind die beiden ausfindig gemacht und festgenommen.

Am Vormittag des 12. Dezembers wird Benno von Gennat verhört. »Nun erzähl' mal, wie das war; es wird dir gut tun, wenn du mir alles erzählst«, beginnt Gennat das Verhör und fügt hinzu: »Du brauchst keine Angst zu haben, wir werden dir schon nicht den Kopf abreißen.«

Der erfahrene Kommissar weiß, dass der Junge eher Vertrauen fassen wird, wenn er ihn freundschaftlich duzt.

Gennat ist sich darüber im Klaren, dass er hier keinen kaltblütigen Mörder vor sich hat, sondern einen naiven Jungen aus der Provinz, der in der Großstadt »unter die Räder« gekommen ist. Der dicke Kommissar schiebt dem Jungen, den er, wenn er es nicht besser wüsste, allenfalls für einen 17-Jährigen gehalten hätte, ein Stück Kuchen und eine Tasse Kaffee zu und lässt ihn erzählen:

Am 1. Dezember, beginnt Benno, hat Willi ihm vorgeschlagen, seine Arbeit bei dem Großhändler Alexander in Charlottenburg zu übernehmen. Bis zur Erschöpfung schleppt Benno den ganzen Nachmittag schwere Kisten und ist umso enttäuschter, als der Alte ihm sieben Mark in die Hand drückt. Er hat wenigstens mit dem Doppelten gerechnet, und beschließt, sich an dem Alten zu rächen. Zufällig hat er in Alexanders Brieftasche ein ganzes Bündel Geldscheine gesehen. Die braucht er dem alten Geizhals also bloß zu klauen und schon ist er alle seine Sorgen los.

»Der Plan, den Alten zu überfallen, war von Willi«, beteuert Benno, den Tränen nahe.

»Ein Zeuge hat aber etwas anderes ausgesagt. Es ist besser, wenn du die Wahrheit sagst. Glaube mir, mein Junge, man wird es dir vor Gericht anrechnen. Wenn der Richter merkt, dass du lügst, sieht es schlecht für dich aus.«

»Aber ich sage doch die Wahrheit, Herr Kommissar.« Benno beginnt zu weinen. »Ich wollte dem Alten zwar die Brieftasche klauen, aber ich wollte ihn nicht töten.«

Er sollte nur jemanden suchen, der Schmiere

steht. Willi habe dann einen Freund namens Fred angeheuert.

Als Alexander mit Benno nach oben gegangen ist, haben sich Willi und Fred, ohne dass die Portiersfrau sie gesehen hat, mit ins Haus geschlichen. Gleich nachdem der Alte die Wohnungstür geöffnet habe, hätten sich die im Flur lauernden Jungen auf Alexander gestürzt, ihn ins Wohnzimmer gezogen, ihn geknebelt und ihm die Füße gefesselt, sein Jackett durchsucht und etwa 9000 Mark aus der Brieftasche gestohlen. Dann hätten sie ihr Opfer aufs Sofa geschleppt und es fest in eine Plüschdecke gewickelt, die auf einem Sessel lag, und seien geflüchtet.

Nach der Tat fahren die drei in die Schönhauser Straße, um erst einmal das Nötigste einzukaufen: Seife, Zahnpasta, Hemden, Unterwäsche, Stiefel und für jeden einen Koffer. In einem schmuddeligen Hotel in der Nähe des Schlesischen Bahnhofs mieten sie ein Zimmer und teilen die Beute.

Fred trennt sich von ihnen, während Benno und Willi mit dem nächsten Zug nach Dresden fahren, wo man sie schließlich verhaftet. Zu Gennats großer Enttäuschung wird der dritte Täter trotz intensiver Fahndung nicht gefasst. Die Strafen für die beiden Haupttäter gehen aus den Akten nicht hervor.

Der Geschwistermord von Breslau

»Schon als Kind konnte ich das Märchen nicht leiden«, murmelt Gennat und weist mit einem Stock auf die rote Haarschleife und das Körbchen mit Brot, Wurst und Kuchen, das die Beamten, als habe es jemand weggeworfen, am Rand des Waldwegs entdeckt haben. »Nun müssen wir nur noch das dazugehörige Rotkäppchen finden.«

»Ich glaube, wir haben's schon!«, kommt es aus dem Dickicht von einem der Hundeführer. Geleitet von seinem Schäferhund führt er die Beamten zu der Stelle, an der sein Hund die nur notdürftig verscharrte Mädchenleiche aufgespürt hat. Der Gerichtsmediziner hat keinen Zweifel: Das Mädchen ist brutal vergewaltigt und erdrosselt worden. – Vom bösen Wolf fehlt indes jede Spur.

Sechs Tage zuvor, am 8. Juni 1925, ist die zehnjährige Senta Eckert aus der Stolpischen Straße (heute Paul-Robeson-Straße) in Prenzlauer Berg auf dem Weg zum elterlichen Laubengrundstück Rudelsburg-/Ecke Frankensteinstraße in Blankenburg spurlos verschwunden. Zeugen haben noch beobachtet, wie Senta am Bahnhof Gesundbrunnen in die Vorortbahn eingestiegen ist. Dann verliert sich ihre Spur.

Wieder ein Kindermord! Die Presse berichtet ausführlich und die Angriffe auf die Polizei, die beim Aufklären von Sexualverbrechen immer wieder versagt, verschärfen sich. Auch der jüngste Fall scheint ein »nasser Fisch« zu werden.

Fast genau ein Jahr später, Sentas Mörder ist noch immer auf freiem Fuß, macht wieder ein grausiger Sexualmord Schlagzeilen. Diesmal aber liegt der Tatort im schlesischen Breslau.

Am Sonnabend, dem 5. Juni 1926, entdecken Spaziergänger gegen 22.45 Uhr unweit des Hauptportals der Technischen Hochschule in Breslau ein verdächtiges, herrenloses Paket. Eine Bombe? Auf dem Polizeirevier wird es vorsichtig geöffnet. Kaum ist das Papier entfernt, packt die Beamten blankes Entsetzen: Zum Vorschein kommen die verstümmelte Leiche eines Mädchens und der Kopf eines Knaben, außerdem verschiedene Kleidungsstücke, die vermutlich den Kindern gehören.

Die Identität der Opfer ist schnell geklärt, denn wenige Stunden zuvor hat eine gewisse Frau Fehse ihre beiden Kinder als vermisst gemeldet. Die achtjährige Erika und der elfjährige Otto sind vom Einkauf nicht zurückgekehrt.

Die Polizei kann der Mutter die schwere Aufgabe nicht ersparen. Sie muss die Kinder identifizieren. – Es sind Otto und Erika. Die Kleidungsstücke aus dem Paket, bestätigt die Mutter, gehören den Kindern. Allerdings fehlen der Schlüpfer des Mädchens, die Matrosenbluse des Jungen sowie sein Hemd und seine Hosenträger.

»Und die Schuhe«, ergänzt der Beamte. Frau Fehse schüttelt den Kopf. Ihre Kinder seien barfuß gewesen. Für neue Schuhe habe sie kein Geld.

Spürhunde nehmen am Fundort die Witterung auf, doch die Tiere verlieren schon nach wenigen Metern die Spur. Die gesamte Breslauer Polizei wird mobilisiert, um nach den restlichen Leichenteilen zu suchen. Eine Aktion, die in der Nacht zum Montag zum Erfolg führt: In einer Parkanlage entdeckt eine Polizeistreife ein ähnliches Paket. Es enthält den Rumpf und die Gliedmaßen des Jungen. Den bestialisch zerstückelten Leichen sind zudem innere Organe entnommen worden.

Am Morgen des 7. Juni erreicht der Fall seinen grausigen Höhepunkt: Otto Urban, der Großvater der Kinder, bekommt ein Päckchen zugeschickt. Es enthält, eingewickelt in das Höschen des Mädchens, die Geschlechtsteile der beiden Kinder.

Die von der Presse angeprangerten Misserfolge seiner Behörde veranlassen den Polizeipräsidenten von Breslau, seinen Berliner Amtskollegen um Hilfe zu bitten, denn es hat sich längst bis nach Breslau herumgesprochen, dass der Leiter der neugegründeten Berliner »Mordinspektion« ein kongenialer Mordexperte ist, dem fast jeder Mörder ins Netz geht.

Angesichts der Schwere der Tat schickt Polizeipräsident Grzesinski seinen besten Mann umgehend los. So bleibt Kriminalrat Ernst Gennat nur noch Zeit, Wäsche, Rasier- und Waschzeug aus seiner Wohnung in Charlottenburg zu holen. Mit einer Sondermaschine fliegt er vom gerade erst ausgebauten Flughafen Tempelhof nach Breslau. Am Abend des 7. Juni 1926 schreibt er an den Kollegen Ludwig Werneburg, der während seiner Abwesenheit die Berliner Mordinspektion leitet: »Lieber Herr Werneburg! Mit dem Flugzeug nach wunderschöner Fahrt in zwei Stunden hier eingetroffen, sind wir bereits ununterbrochen in der Sache tätig.« Und er bittet Werneburg, die Kategorie der Sittlichkeitsverbrecher und Sadisten in der »Todesermittlungskartei« daraufhin durchsehen zu lassen, »ob irgendwelche Personen darin vorkommen, die man mit der Sache in Verbindung bringen könnte. Führt etwa die Spur einer dieser Personen nach Breslau?«

Kaum ein anderes Verbrechen hat Gennat in seiner nun 20-jährigen Berufspraxis so erschüttert und bewegt wie dieser Doppelmord. An Werneburg schreibt er:

»Wenn auch ähnliche Verbrechen aus sadistischen Motiven und Zerstückelung von Kindern in der hier in Frage kommenden Weise schon öfter vorgekommen sind, so ist mir doch aus der ganzen Literatur und Praxis kein Fall bekannt, in dem der Täter die Geschlechtsteile seiner Opfer ihren Angehörigen mit der Post ins Haus gesandt hätte.«

Dass die Kinder auf unterschiedliche Weise ermordet worden sind, ist für Gennat ein bemerkenswerter Aspekt: Dem Mädchen hat der Mörder die Kehle durchgeschnitten, den Jungen hat er erstickt. Gennat geht von einem Serientäter aus, der aller Wahrscheinlichkeit nach schon ähnliche Verbrechen verübt hat. Er bittet Werneburg, ihm eine Liste ähnlicher Fälle, ob aufgeklärt oder nicht, zusammenzustellen und telegrafisch zu übermitteln.

Wenige Stunden später erhält Gennat eine Liste mit elf vergleichbaren Taten, verübt im Deutschen Reich zwischen 1906 bis 1926. – Alle Fälle sind ungeklärt! Kein Ruhmesblatt für die Kriminalpolizei.

Gennat konzentriert sich insbesondere auf zwei Fälle: Am 23. Februar 1906 ist in Hamburg-Altona ein sechsjähriges Mädchen auf ebenso sadistische Weise ermordet worden. Der Täter hat sein Opfer erstickt und ebenfalls innere Organe entnommen. Am 12. Januar 1914 ist in Hannover eine Fünfjährige einem Lustmord zum Opfer gefallen. Dem Mädchen hat man die Kehle durchgeschnitten und innere Organe entnommen. Beide Verbrechen sind nie aufgeklärt worden.

Vor Gennat steht auch in Breslau eine undankbare Aufgabe. In einer fremden Umgebung zu ermitteln, ist keine ideale Voraussetzung. Gennat kennt sich in der Stadt nicht aus. Er ist mit dem Milieu nicht vertraut und kann somit nicht, wie in Berlin, auf Kontakte in der Unterwelt zurückgreifen. Offiziell betont er zwar die harmonische Zusammenarbeit mit den Breslauer Kollegen, aber begeistert sind diese nicht, dass man ihnen den berühmten Kriminalrat aus Berlin vor die Nase setzt. Gennat nimmt es gelassen, ja mit Humor, und schreibt am 16. Juni 1926 in einem Brief an Ludwig Werneburg:

»Ich bitte Sie, sämtliche Herren der Inspektion, insbesondere auch Frl. Steiner herzlich zu grüßen. Meine in Berlin gefürchtete Neigung, unermüdlich bis in die späten Abend- und Nachtstunden zu diktieren, wird auch von der Schreiberin dieser Zeilen bereits unliebsam empfunden. Deshalb wollen wir bereits um 10 Uhr Schluss machen. Mit herzlichen Grüßen, Ihr sehr ergebener Gennat.«

Gennat will alles über die Fehse-Kinder und deren Umgang wissen: Mehr schlecht als recht bringt Frau Fehse sich und ihre Kinder als Näherin von Lampenschirmen und als Masseuse durch. Ihre Eltern versuchen sie zu unterstützen, indem sie sich um die Kinder kümmern. Nach der Schule gehen die Kinder zu den Großeltern. Der Großvater, für den die beiden kleinere Aufträge erledigen, ist Korbmacher und betreibt in der Gartenstraße unweit des Hauptbahnhofs eine kleine Werkstatt. Eine Gegend, die der am Schlesischen Bahnhof in Berlin nicht unähnlich ist: Sie ist geprägt von unzähligen schmuddeligen Stundenhotels und Absteigequartieren, Verbrecherkaschemmen und illegalen Spielclubs. Berufs- und Gelegenheitsgauner, Zuhälter, Prostituierte und Strichjungen beherrschen das Straßenbild. Kurzum: ein Sammelpunkt der Breslauer Unterwelt.

Wenn der Großvater keine Aufgabe für die Geschwister hat, treiben sie sich am Hauptbahnhof herum, wo sie sich mit kleinen Handreichungen beim Ausladen von Güterwaggons und Botengängen für Leute aus dem »Milieu« ein bescheidenes Taschengeld verdienen. Eine Gemüsehändlerin aus der Nachbarschaft sagt aus, dass die Kinder oft bei ihr um Obst gebettelt hätten.

Das Päckchen, welches der Großvater erhalten hat, weist eine Besonderheit auf: An der Handschrift hat er sofort erkannt, dass die Adresse auf dem kleinen Paket von seinem Enkel geschrieben worden ist. Hat der Mörder den Jungen vor der Tat gezwungen, die Adresse zu schreiben? Doch Otto Fehse hat statt der richtigen Hausnummer, der Nummer 97, die Nummer 88, die des gegenüberliegenden Hauses aufgeschrieben. Soll der aufgeweckte Otto sich tatsächlich geirrt haben? Aus den Unterlagen geht nicht hervor, ob im Zuge der Ermittlungen der Frage jemals nachgegangen worden ist, ob der Junge damit einen versteckten Hinweis geben wollte.

Der Weg der Kinder kann hingegen rekonstruiert werden: Nachdem sie nachmittags für den Großvater unterwegs gewesen sind, schickt die Mutter die Geschwister gegen 17 Uhr zur Post, um ein Paket abzuholen. Zeugen wollen sie in Begleitung von zwei Männern gesehen haben. Die Beschreibungen sind aber viel zu vage, um die Männer zur Fahndung ausschreiben zu können. Auf der Post sind die Kinder noch gewesen, denn ein in der Paketannahme des Paketpostamtes 22 beschäftigter Beamter sagt später aus, am betreffenden Tag habe sich gegen sechs Uhr abends ein Junge in Begleitung eines Mädchens nach einem Paket für die Mutter erkundigt. Der Postbeamte habe ihnen erklärt, dass sie, um zur Paketausgabestelle zu gelangen, den Eingang in der Breitestraße benutzen müssten. Danach verliert sich die Spur der Kinder.

Gennat geht davon aus, dass sich der Tatort in unmittelbarer Nähe der Post oder in der Nähe der Fundorte der Pakete befinden müsse und er lässt sowohl das Postamt als auch die Räume der Technischen Hochschule gründlich durchsuchen. – Gleich zweimal von verschiedenen Teams, um nichts zu übersehen. Es finden sich aber keinerlei Spuren.

Immer wieder gehen Hinweise von übereifrigen Bürgern auf mögliche Tatorte oder Blutspuren ein, die sich aber in allen Fällen als älter erweisen und mit dem Fehse-Mord nichts zu tun haben können. Auch Hellseher, Spiritisten, Okkultisten und Hypnotiseure bieten ihre Dienste an. Sie nennen auch tatsächlich alle einen Tatort – jedoch jeder einen anderen. Zahlreiche Verdächtige werden festgenommen, müssen aber nach kurzer Zeit wieder auf freien Fuß gesetzt werden.

Gennat bleibt optimistisch und schreibt am 13. Juni 1926 nach Berlin:

»Da es nach menschlichem Ermessen möglich sein muss, den Tatort durch Mitwirkung der Publikums zu ermitteln, ist zwecks Provokation einer derartigen Mitwirkung unter Berücksichtigung des ungewöhnlichen Verbrechens auch zu ungewöhnlichen Mitteln gegriffen worden.«

Das Mittel, zu dem der erfahrene Berliner Kriminalrat jetzt greift, ist in der Tat ungewöhnlich und soll in den nächsten Jahren auch in Berlin mehrfach Anwendung finden.

Gennat lässt sich von einem bekannten Warenhaus in der Breslauer Innenstadt ein Schaufenster zur Verfügung stellen, in dem er Wachspuppen in Originalgröße der Fehse-Kinder mit deren Originalkleidern ausstellen lässt: Otto Fehse in seiner blauweiß gestreiften Matrosenbluse und der dunklen Kniehose, Erika Fehse in ihrem dunkelblauen, kurzärmeligen Wollkleidchen mit aufgenähten bunten Wollblumen, daneben naturgetreue Nachbildungen der Pakete, zum Teil unter Verwendung der Originalumhüllungen, und Skizzen mit den Fundstellen der Pakete. Zudem werden 100000 Handzettel mit einem Fahndungsaufruf verteilt.

Systematisch grast Gennat die Breslauer Unterwelt ab, ermittelt sowohl in Verbrecherkreisen als auch im Milieu der Stricher, Prostituierten und Zuhälter. – Ohne Erfolg.

Als Ernst Gennat am 31. Juli 1926 von Ludwig Werneburg abgelöst wird, fehlt vom Täter noch immer jede Spur. Auch Werneburg wird einige Wochen später ohne Fahndungsergebnis nach Berlin zurückkehren.

Einen Monat nach Gennats Rückkehr nach Berlin, am 30. August 1926, wird ein »gefährlicher Straßenräuber« gefasst, der 25-jährige Gelegenheitsarbeiter Karl Böttcher aus der Linienstraße 161, auf dessen Konto der Raubmord an der Gräfin Lambsdorff am 1. Mai 1926 in Straußberg geht sowie diverse Raubüberfälle auf Frauen. Böttcher gesteht den Raubmord an der Gräfin, streitet aber weitere Taten ab. Gennat bleibt hartnäckig und im Laufe des Tages und der Nacht gesteht Böttcher zahlreiche Vergewaltigungen und Raubüberfälle, zum Teil mit schwerer Körperverletzung. Als sich Gennat mit Böttchers Vorleben befasst, kommt ihm der Verdacht, Böttcher habe weitere Mordtaten verübt. Ist Böttcher auch Senta Eckerts Mörder? Böttcher passt ins Täterprofil. Gennats Vermutung erweist sich als richtig. Böttcher wird des Mordes an Senta Eckert überführt. Am 3. September 1926 legt er ein umfassendes Geständnis ab.

Die Morde an den Geschwistern Fehse werden indes weder in Breslau noch in Berlin aus den Augen verloren. Die Idee vom Wiederholungstäter schwirrt Gennat auch noch Jahre später durch den Kopf. Im

Mai 1930 lädt er einen gewissen Theodor Berger vor. Berger ist 1904 wegen des Mordes an der achtjährigen Lucie Berlin aus der Ackerstraße in einem fragwürdigen Indizienprozess zu 15 Jahren Zuchthaus verurteilt worden. Berger, der stets seine Unschuld beteuert hat, sitzt seine Strafe bis auf den letzten Tag ab. Jetzt ist er »Geschäftsmann« und zieht mit einem Chromkessel, aus dem er heiße Würstchen verkauft, durch die Straßen. Im Juni 1926 ist Berger definitiv nicht in Breslau gewesen. Doch er nimmt die Gelegenheit gleich wahr, noch einmal seine Unschuld im Fall Lucie Berlin zu beteuern.

Die Polizei in Breslau tappt indes weiterhin im Dunkeln, und die Chancen, nach gut vier Jahren noch zu einem greifbaren Ermittlungsergebnis zu kommen, sind gering.

Im Sommer 1934, inzwischen sind die Nationalsozialisten an der Macht, sorgt der Fall Fehse erneut für Schlagzeilen. Das nationalsozialistische Wochenblatt »Der Stürmer« bringt in seiner 32. Ausgabe unter der Überschrift »Der Ritualmord in Breslau« einen stark verfälschten und wirren Bericht über den Mordfall Fehse. Behauptet wird, dass es sich nicht um einen Sexualmord, sondern um einen von Juden verübten »Ritualmord« gehandelt habe. Darüber hinaus wird die Breslauer Kriminalpolizei in unflätiger Weise herabgewürdigt. Der stellvertretende Polizeipräsident von Breslau beweist jedoch Courage und setzt dem Spuk ein schnelles Ende: Er lässt das Blatt in seinem Zuständigkeitsbereich beschlagnahmen und einstampfen.

Das Material zum Mordfall Fehse wächst im Laufe der Jahre auf 120 Bände an. Doch der Erfolg bleibt aus. Im Sommer 1934 setzt der neue Polizeipräsident von Breslau noch einmal eine Sonderkommission auf den Fall an und im Herbst 1934 scheint es tatsächlich eine heiße Spur zu geben.

Im Zuge der wiederaufgenommenen Ermittlungen stößt die Polizei auf den 33-jährigen Herbert Höll, der seit 1924 unangemeldet in Breslau lebt. Ein Sonderling, der in einer Dachkammer in einem Breslauer Vorort haust. Eine Haussuchung in der verwahrlosten Wohnung bringt Verblüffendes zutage: nicht nur 6700 pornographische Postkarten, sondern auch noch ganze Stöße von Manuskriptpapier, eng mit stenographischen Aufzeichnungen beschrieben. Die Stenogramme werden von mehreren Sekretärinnen abgetippt. Das Ergebnis: 3944 Schreibmaschinenseiten! Die Aufzeichnungen enthalten wirre Schilderungen von Lustmorden, die er offenbar in seiner Phantasie durchgespielt hat.

Zudem entdecken die Beamten eine umfangreiche Kartei, die ausschließlich Adressen von Breslauer Kindern enthält. Höll muss die Kinder verfolgt und so ihre Adressen ermittelt haben! Darüber hinaus hat er über die Jahre alle Zeitungsartikel über Sexual- beziehungsweise Lustmorde gesammelt. Seltsamerweise findet sich darunter aber kein einziger Artikel zum Mord an den Fehse-Kindern, obwohl kaum ein anderer Mord in der Presse eine derartig große Resonanz gefunden hat.

Am 17. November 1934 wird Höll verhaftet. Er leugnet zwar die Täterschaft, wird aber bei einer Gegenüberstellung von zwei Frauen unabhängig voneinander wiedererkannt, die ihn an dem fraglichen Nachmittag mit den Fehse-Kindern gesehen haben wollen. Können sich die Zeugen nach acht Jahren tatsächlich noch an das Gesicht des Mannes erinnern? Die Ermittler sind skeptisch, zumal sich Hölls Äußeres stark verändert hat.

Dennoch passt der in Dresden geborene Höll ins Täterprofil. Schon während seiner Schulzeit fällt er durch abnorme sexuelle Neigungen auf und ist dadurch völlig isoliert. 1924 kommt er nach Breslau, um Mathematik zu studieren. Er gilt als überdurchschnittlich begabt und seine Lehrer sagen ihm eine glänzende wissenschaftliche Laufbahn voraus.

Auf einmal melden sich Zeuginnen, die behaupten, vor Jahren von Höll belästigt worden zu sein. Die Ermittlungen ergeben, dass er zur Tatzeit in unmittelbarer Nähe der Fehses gewohnt hat. Es liegt durchaus im Bereich des Möglichen, dass er die Tat begangen hat.

Erst am 4. Februar 1935 teilt das Polizeipräsidium von Breslau in einer Pressekonferenz die Festnahme des Verdächtigen der Öffentlichkeit mit. »Breslauer Kindermord nach acht Jahren vor der Aufklärung«, meldet der »Berliner Lokal-Anzeiger« am 5. Februar 1935 und »Der Westen« bringt einen Tag später unter der Überschrift »Der Unhold von Breslau. Wie der geheimnisvolle Sonderling entdeckt wurde« eine große Reportage. Die allgemeine Euphorie bekommt jedoch schon bald einen Dämpfer. Denn um Mordanklage gegen Höll zu erheben, reicht dem Staatsanwalt das Material nicht.

Im August 1936 meldet sich dann bei der Breslauer Polizei ein gewisser Walter Krause und behauptet, den Täter »ermittelt« zu haben. Seinerzeit habe er einen Mann beobachtet, der »mit Sicherheit« der Mörder der Geschwister Fehse ist. Der eifrige Hobby-Detektiv hat den von ihm Verdächtigten Dr. Arthur Engel aus Berlin tatsächlich bis ins kleinste Detail ausspioniert. Aber was macht Engel so verdächtig? – Allein die Tatsache, dass er Jude ist. Denn Krause macht aus seinem Antisemitismus keinen Hehl.

Am 4. September 1936 wird Krauses abstruses, mehrere Seiten umfassendes Schreiben an Ernst Gennat weitergeleitet. Gennat hasst »Klugscheißer«, die den Ermittlern erklären wollen, wie sie ihre Arbeit zu machen haben. Was er von Krauses Darlegungen hält, beweist die Tatsache, dass der er auf das Schreiben erst am 18. Januar 1937 in aller Kürze antwortet: Man habe Engel überprüft, ja sogar observiert, es läge aber kein Verdacht gegen ihn vor.

Der Tod von Erika und Otto Fehse ist nie aufgeklärt worden.

Die Entführung des Fabrikanten Schlesinger

Elli Schlesinger ist beunruhigt. Es ist nun schon das zweite Telefongespräch, das sie nach Wilischthal, einen beschaulichen Vorort der südlich von Chemnitz gelegenen Kleinstadt Zschopau, angemeldet hat. Aber ihr Mann Otto Schlesinger geht noch immer nicht an den Apparat, obwohl es schon nach 22 Uhr ist. Elli Schlesinger und Rolf Meyerheim, ein Verwandter und enger Freund der Familie aus Berlin, sind gegen Mittag in der Nähe von Oberwiesenthal im Erzgebirge angekommen und in einem kleinen Hotel abgestiegen. Gegen Abend wollen sie, so ist es verabredet, Otto, der versprochen hat, am Sonnabendmorgen nachzukommen, die Adresse des Hotels durchgeben. Und nun ist er nicht zu erreichen. Es ist Freitagabend, der 2. Februar 1934. Meyerheim beschwichtigt, doch Elli macht in dieser Nacht kein Auge zu.

Es sind herrliche, sonnige Wintertage mit mäßiger Kälte. Ganz Sachsen und das Erzgebirge liegen unter einer dichten Schneedecke. So haben die Schlesingers am Donnerstag beschlossen, das schöne Wetter für ein Ski-Wochenende zu nutzen. Otto Schlesinger hat vorgeschlagen, dass Elli und Rolf

Meyerheim schon am Freitag fahren sollen. Er selbst will nachkommen. Elli hätte es lieber gesehen, wenn ihr Mann gleich mitfahren würde, doch er hat noch Geschäftliches zu erledigen.

Der 49-jährige Otto Schlesinger, ein allseits geachteter und beliebter Unternehmer, ist Vorstandsmitglied einer Trikotagenfabrik, der Marschel Frank & Sachs AG. »Er war«, so beschreibt ihn später sein Sohn Kurt, »von beleibter Statur, kurzsichtig und kahlköpfig. Ein wohlhabender deutscher Jude, der sein Geld im Textilunternehmen der Familie verdiente und in seiner Freizeit die angenehmen Seiten des Lebens mit Hingabe genießen konnte: seine Familie und seine Bücher, Landspaziergänge und Musik, guten Wein und anregende Gesellschaft.« Die beginnende Herrschaft der Nazis konnte ihm (noch) nichts anhaben.

Am frühen Morgen meldet Elli erneut ein Gespräch an. Aber nicht Otto nimmt ab, sondern Else, die Haushälterin. Sein Auto ist nicht da, sagt sie, aber der gepackte Koffer steht noch im Schlafzimmer. Nun ist auch Meyerheim beunruhigt. Sie machen sich auf den Heimweg und fahren in die Fabrik nach Chemnitz. Vielleicht weiß man da Näheres.

Der Prokurist Kurt Bernstein ist in heller Aufregung. Er hat ein Telegramm von Schlesinger bekommen. »Erbitte dringendst telegraphisch Mk 5.000 hauptpost Berlin. Brief unterwegs. Eintreffe Mittwoch. Otto Schlesinger.« Er steht vor einem Rätsel und hat nicht die leiseste Ahnung, wozu Otto das Geld braucht. Dieses Verhalten passt nicht zu ihm. Meyerheim glaubt, dass Otto entführt worden ist und erpresst wird. Er schaltet die Polizei ein. Die Kripo in Chemnitz schaltet, nicht zuletzt auf Meyerheims Drängen, umgehend die Berliner Kriminalpolizei ein und bittet um Amtshilfe. Kein geringerer als Kriminalrat Gennat übernimmt den Fall. Sogleich werden Beamte in Zivil losschickt, die das Postamt überwachen sollen. Offenbar bleibt die Aktion den Entführern aber nicht verborgen. Das Geld wird nicht abgeholt.

Gennat ist inzwischen aber nicht untätig. Er lässt sich vom Haupttelegraphenamt die Urschrift des Telegramms heraussuchen und legt sie Meyerheim vor. Dieser ist sich sicher: Das ist nicht Schlesingers Schrift.

Am Montag, dem 5. Februar 1934, ruft Meyerheim im Polizeipräsidium an: Schlesinger lebt. Er hat angerufen. Er ist tatsächlich entführt worden und die Entführer fordern Lösegeld. Eine Summe hat er aber noch nicht genannt. Er will sich wieder melden. Sofort veranlasst Gennat die Überwachung von Meyerheims Telefonanschluss, aber an diesem Tag melden sich die Entführer nicht noch einmal.

Erst am späten Dienstagvormittag ist der Entführte wieder am Telefon. Die Täter wollen 5000 Mark Lösegeld in kleinen Scheinen in einem Briefumschlag. Andernfalls werden sie ihn erschießen. Meyerheim soll um 18 Uhr vor seinem Haus Hardenbergstraße 14 warten. Sie werden mit seinem Wagen kommen, also mit Schlesingers Ford. Er selbst wird hinten sitzen. Meyerheim soll ihm den Umschlag durchs Fenster reichen. Wenn sie das Geld haben, ließen sie ihn noch am Abend frei.

Gennat zweifelt, dass die Entführer ihr Wort halten und Schlesinger nach der Lösegeldübergabe freilassen. Er hat einen präzisen Plan.

Kriminalsekretär Dennerlein und Kriminalassistent Linke beziehen Hardenberg-/Ecke Fasanenstraße Posten. Sie sollen die Anfahrt des Wagens und die Geldübergabe beobachten. Wenn der Wagen wieder anfahren will, werden beide hervorspringen und die Weiterfahrt verhindern. Beamte in Zivil überwachen die Straße. Sollte etwas schief gehen, steht ein Wagen mit dem Kollegen Bauer etwa 60 bis 80 Meter vom Haus Hardenbergstraße 14 entfernt in Stellung. In dem Augenblick, da Schlesingers Ford an ihm vorbeifährt, wird er sofort losfahren, den Entführerwagen überholen und sich unmittelbar vor dem Fahrzeug querstellen, um eine Flucht zu verhindern. Sollte die Aktion misslingen und das Entführerfahrzeug flüchten, steht der schnelle schwere Maybach bereit, der auf Geheiß Gennats eigens ausgestattete Einsatzwagen für besondere Fälle. Der Maybach wird mit laufendem Motor warten und im Notfall die Verfolgung aufnehmen. Gennat wird in dem Meybach mitfahren.

Kurz nach 17 Uhr 30 sind alle beteiligten Personen an Ort und Stelle. Gegen 18 Uhr 15 fährt ein dunkler geschlossener Personenwagen heran. Doch es ist nicht der erwartete Ford, sondern ein Horch. Meyerheim starrt auf das Auto. Da streckt plötzlich jemand eine Hand aus dem geöffneten Seitenfenster. Das ist Schlesinger! Rolf Meyerheim drückt ihm den Umschlag in die ausgestreckte Hand.

Das Auto fährt langsam weiter. Meyerheim ist ratlos. Das ist doch nicht das Auto, das die Polizei erwartet hat. Kriminalassistent Bauer kann in seinem Wagen, der in größerer Entfernung geparkt ist, die Vorgänge nicht beobachten. Er soll ja erst eingreifen, wenn sich Schlesingers Ford nähert.

Die auf der Hardenbergstraße postierten Beamten haben indes beobachtet, dass die Täter mit einem anderen Fahrzeug vorgefahren sind. Jetzt heißt es, auf eigene Verantwortung handeln. Kommissar Dennerlein zieht seine Pistole und springt auf das Trittbrett des Horch. »Halt! Kriminalpolizei!«, brüllt er. Der Motor des Tatfahrzeugs heult auf, der Wagen fährt scharf an. Er verliert den Halt. Die ersten Schüsse fallen. Niemand wird im Nachhinein mehr sagen können, wer zuerst geschossen hat. Dennerlein schießt auf die Reifen des flüchtenden Wagens, trifft aber nicht.

Gennat weiß, was zu tun ist: »Los, Gas geben!«, brüllt er. »Mit Polizeisirene!« Mit eingeschalteter Sirene nimmt der Maybach die Verfolgung auf. Der Horch der Entführer rast die Hardenbergstraße hinunter bis zur Kaiser-Wilhelm-Gedächtnis-Kirche, biegt mit quietschenden Reifen im spitzen Winkel in die Kantstraße ein, am Theater des Westens vorbei, am Savignyplatz nach rechts in die Carmerstraße, über den Steinplatz. Die Jagd geht weiter. Erst kurz vor der Berliner Straße (heute Otto-Suhr-Allee) gelingt es dem Maybach endlich, das Fahrzeug der Entführer von links zu rammen, zu überholen und sich schräg davorzustellen. Sofort versammeln sich Schaulustige.

Mit gezogenen Waffen umstellen die Kriminalbeamten das Fahrzeug der Entführer und zwingen die Insassen zum Aussteigen. Die Beamten trauen ihren Augen kaum. Aus dem Horch klettern drei Männer in SA-Uniform. Alle drei haben Waffen bei sich und protestieren gegen ihre Festnahme.

Otto Schlesinger steigt als letzter aus. Gennat wird ihn für drei Tage in Schutzhaft nehmen, denn er befürchtet, die SA-Männer könnten versuchen, an Schlesinger Rache zu nehmen.

Gennat lässt Schlesinger in Ruhe erzählen: Von dem geplanten Wochenendausflug und schließlich seiner Fahrt von Chemnitz nach Wilischthal, als er wegen eines querstehenden Wagens auf der schneeglatten Straße anhalten musste. Als er näher an den Wagen, es ist ein Horch, herangeht, steigen vier Männer aus. Sie sind in Zivil. Einer von ihnen fragt freundlich, wie weit es denn noch bis nach Wilischthal sei. »Ungefähr zwei Kilometer«, antwortet Schlesinger. »Dann sind Sie wohl der Schlesinger?«, fragt ein anderer. Schlesinger bejaht. Plötzlich ziehen die Männer Pistolen, richten sie auf ihn und reden etwas von »Festnahme«. Jede Diskussion ist sinnlos. Zwei der Männer packen den Fabrikanten, verbinden ihm die Augen und zerren ihn in den Wagen. Otto kann noch sehen, wie einer der Entführer in seinen Ford steigt und dem Horch folgt. Von Zeit zu Zeit muss er sich auf den Boden des geräumigen Wagens legen und verliert bald die Orientierung.

Erst als sie an einer Tankstelle anhalten, fragt der Fahrer nach dem Weg nach Berlin. Nun weiß er wenigstens, wohin die Fahrt gehen soll.

Als der Wagen endlich hält, wird Schlesinger in einen Keller geführt, in ein finsteres Gelass, dessen Inventar aus einem Strohsack und einem Tisch besteht. Eine schwere Eisentür fällt hinter ihm ins Schloss. Wenig später erscheinen drei Männer in SA-Uniform und führen ihn in einen Raum, der mit diversen nationalsozialistischen Reliquien und Hakenkreuzfahnen ausgestattet ist. Hier soll er »verhört« werden. Alle Wertsachen werden ihm abgenommen, sogar seine Brille, ohne die er hilflos ist. Die Entführer fragen ihn ausführlich über seine Vermögensverhältnisse aus und verlangen detaillierte Angaben über seine Firma. Dann fordern sie 50000 Mark Lösegeld. Schlesinger versucht ihnen klar zu machen, dass er über kein eigenes Konto verfügt und für alle Ausgaben, die er mit dem Geld der Firma tätigt, zwei Unterschriften benötigt. Die Entführer lassen sich überzeugen und senken ihre Forderung auf 5000 Mark. Schlesinger muss ein Telegramm an seinen Prokuristen Bernstein aufsetzen, das von den Entführern jedoch noch einmal abgeschrieben und umformuliert wird, da sie befürchten, es könne eine verschlüsselte Botschaft enthalten.

Unter Bewachung soll Schlesinger dann das Geld selbst von der Post holen. Falls die Polizei eingreift, drohen sie, ihn auf der Stelle zu erschießen. Dieser Plan wird jedoch schnell wieder verworfen. Am 6. Februar macht Schlesinger, nachdem es nicht gelungen ist, das Geld von der Post zu holen, den Vorschlag, sich an Rolf Meyerheim zu wenden.

Über die Einzelheiten seiner Haft, ob er misshandelt worden ist, will Schlesinger nicht reden. Ein Jude tut 1934 besser daran, Misshandlungen nicht an die große Glocke zu hängen.

Gennat erfährt jetzt, dass es sieben SA-Leute gewesen sind, die sich an der Entführung beteiligt haben. Sie alle gehören dem Sturm 15 der Berliner SA an, der sich im Keller des Hauses eines Mittäters in der Zietenstraße 5 eingenistet hat, wo Schlesinger auch festgehalten worden ist. Gennat schickt sofort zwei Kommissare zu der genannten Adresse und lässt den Besitzer des Hauses und einen weiteren SA-Mann festnehmen. Im Hof entdecken die Beamten bei dieser Gelegenheit auch Schlesingers Ford.

Fünf der Entführer sind inzwischen festgenommen, und auch die Namen und Aufenthaltsorte der beiden noch Flüchtigen sind der Kripo bekannt. Sie können nach kurzer Zeit ebenfalls gefasst werden.

Die Hauptverhandlung gegen sie findet am 7. und 8. Mai 1934 statt. Schlesinger ist nach seiner Entführung mit seiner Familie in die Schweiz zur Erholung gefahren. Zum Prozessbeginn kehrt er unter Polizeischutz nach Berlin zurück. Die Täter werden zu Zuchthausstrafen zwischen drei und sechs Jahren verurteilt.

Dem Chronisten Alexander Harder zufolge hat sich nach der Urteilsverkündung folgendes abgespielt: »In ein paar Tagen sind wir wieder raus«, sollen die SA-Männer noch im Gerichtssaal siegesgewiss gerufen haben. Und in der Tat erscheinen eines Tages in Gennats Büro drei von ihnen – auf Bewährung entlassen. »Hat der Schlesinger auch ordentlich geblecht für seine Befreiung?«, erkundigen sie sich. Gennat erwidert arglos: »Die Belohnung von 5000 Mark ist auf den Hilfsfonds der Kriminalpolizei eingezahlt worden.« Die Täter verabschieden sich daraufhin rasch. Kurz darauf ergeht vom preußischen Innenministerium eine Anweisung an das Polizeipräsidium Berlin: Die 5000 Mark Belohnung aus der Entführungssache sind sofort auf ein bestimmtes Bankkonto zu überweisen. Gennat ist neugierig und forscht nach, wem das Konto gehört und fällt fast vom Stuhl, als er erfährt: Es ist das Konto der SA-Gruppe Berlin-Brandenburg.

1939 verlassen die Schlesingers, enteignet und entrechtet, ihre Heimat und wandern nach Brasilien aus, wo ihre Tochter Hilde seit 1933 lebt. Otto Schlesinger kann die Erlebnisse während der Entführung, die seelischen und körperlichen Misshandlungen nicht verwinden. Eine schwere psychische Erkrankung ist die Folge. Mit 56 Jahren stirbt er 1940 in einer Heilanstalt in Rio de Janeiro.

Tod im Taxi

Der Nachmittag des 12. Oktober 1938 beginnt für den Taxichauffeur Paul Weiß wie jeder andere. Um 17 Uhr tritt er bei einem Charlottenburger Taxiunternehmen seinen Dienst an und wird bis 4 Uhr morgens unterwegs sein. Weiß liebt die nächtlichen Fahrten, wenn das Verkehrsgewühl endlich zur Ruhe gekommen ist und die Großstadtnacht so manche außergewöhnliche Begegnung bereithält.

Auch heute Nacht ist er wieder in Nikolassee unterwegs. Kurz nach 23 Uhr fährt er am Bahnhof Nikolassee vor, wo gerade die S-Bahn vom Potsdamer Platz eintrifft und den Taxis jede Menge Fahrgäste beschert, die sich von hier bis an ihr eigentliches Ziel chauffieren lassen.

Auch in Paul Weiß' Taxi steigt eine Stammkundin, die ihr Ziel nicht mehr zu nennen braucht. Sie ist Kindermädchen bei Joseph Goebbels und wohnt in der Villa des Reichspropagandaministers auf Schwanenwerder. An ihren freien Abenden trifft sie sich mit ihrem Verlobten in der Innenstadt, fährt dann mit der S-Bahn bis Nikolassee und nimmt für den Rest des Weges – der noch heute durch den Wald führt – ein Taxi.

Als Weiß in die weitläufige Kurve kurz vor der

Insel fährt, bemerkt er ein schräg an der Böschung stehendes Taxi. »Wat is denn mit dem los«, murmelt er vor sich hin, fährt aber weiter. Zwei Minuten später etwa erreichen sie die Goebbels-Villa auf der Halbinsel. Das Mädchen hat das Fahrgeld, 1,25 RM, schon bereit, zahlt und verabschiedet sich.

Auf der Rückfahrt hält Weiß neben dem mysteriösen Taxi, das mit eingeschaltetem Abblendlicht noch immer an derselben Stelle steht. Er steigt aus und schaut sich um. Von dem Fahrer ist weit und breit nichts zu sehen. Er öffnet den Schlag auf der Fahrerseite, doch im Wagen ist niemand. Langsam geht Weiß um das fremde Taxi herum. Erst jetzt erblickt er, halb unter der Stoßstange liegend, eine männliche Person. »Mensch, Kollege, biste verletzt?« Weiß beugt sich über ihn und ist sich sicher: Der Mann ist tot.

Er eilt zu seinem Wagen und fährt zurück zum Polizeiposten vor der Goebbels'schen Villa. Der Wachpolizist zögert, denn er hat Befehl, seinen Posten nicht zu verlassen. Doch erinnert er sich jetzt, dass er, kurz bevor das Taxi mit dem Kindermädchen vorgefahren ist, Schüsse gehört und zunächst vermutet hat, jemand habe auf Enten geschossen. Wenige Minuten später sei dann auf der anderen Straßenseite ein Mann in den Wald gelaufen. Er habe sich aber nichts dabei gedacht. Nun entschließt er sich doch, seinen Dienstherrn vorübergehend ohne Schutz zu lassen und fährt mit Weiß zum Tatort. Gemeinsam sehen sie sich noch einmal um und alarmieren schließlich vom Revier 163 – es ist eigens zum Schutz des Reichsministers am Zugang zur Halbinsel eingerichtet worden – das Polizeipräsidium.

Gegen Mitternacht trifft die Aktive Mordkommission am Tatort ein. Aus den Papieren, die noch im Wagen liegen, geht hervor, dass die Kraftdroschke, eine viersitzige Wanderer-Limousine mit Rollverdeck, einem Wilmersdorfer Taxiunternehmen gehört, bei dem das Opfer, der 38-jährige Herbert Taubel, verheiratet, ein Kind, angestellt gewesen ist.

Taubel ist durch mehrere Schüsse ins Genick und in den Rücken getötet worden. Ein Raubmord? Nicht unbedingt, denn seltsamerweise befinden sich in Taubels Tasche noch die Einnahmen des Abends. Abgesehen von einigen Patronenhülsen und einem Knopf gibt es am Tatort keine verwertbaren Spuren.

Etwa 175 Meter vom Tatort entfernt macht die Spurensicherung dann doch noch eine interessante Entdeckung: Hinter einer Kiefer liegt ein heller Regenmantel. Hat ihn der Täter auf der Flucht verloren oder weggeworfen? Der am Tatort gefundene

Knopf jedenfalls gehört zu diesem Mantel. Suchhunde nehmen die Fährte auf, verlieren sie aber nach einigen hundert Metern wieder.

Von der Mordkommission noch einmal vernommen, äußert der Wachpolizist einen Verdacht: Bis vor einigen Monaten sei bei Goebbels ein SS-Mann als Pferdepfleger beschäftigt gewesen. Dieser sei mit einem Mädchen verlobt, das bei Rittmeister Soundso auf der Insel als Stubenmädchen in Stellung ist. Diesem zwielichtigen Burschen, der inzwischen ins Innenministerium versetzt worden ist, sei die Tat zuzutrauen.

Umgehend suchen die Beamten das Stubenmädchen auf. »Mit dem will ick nischt mehr zu tun haben! Die Verlobung hab' ick längst jelöst.« Und auf die Mordnacht angesprochen: »Nee, den Mord kann man ihm leider nich' anhängen. An dem Abend war ick mit 'ne Freundin in Steglitz in so'n Tanzlokal. Leider war der ooch da. Der janze Abend war im Eimer.« Gegen 23 Uhr 30 haben die Freundinnen das Lokal verlassen, der Ex-Verlobte sei noch geblieben. Folglich kann er mit dem Mord nichts zu tun haben.

Ein Zeuge will das Taxi kurz vor 23 Uhr in der Hubertusallee in Richtung Roseneck gesehen haben. Ein männlicher Fahrgast mit einem hellen Mantel soll im Wagen gesessen haben. Diese Aussage bringt die Kripo jedoch nicht weiter. Alle Hoffnung der Ermittler ruht auf dem Mantel mit den auffälligen Merkmalen. Er ist nicht nur abgetragen und schmutzig, sondern unlängst auch an Schultern und Taschen geflickt worden. Doch trotz der Abbildungen in der Tagespresse gehen keine Hinweise ein.

Am Morgen des 5. November 1938 erscheint unangemeldet ein junger Kriminalassistent in Kommissar Ernst Gennats Büro, denn er hat eine Idee: Neulich habe er in eine dieser neuen Fernsehstuben hineingeschaut, berichtet er. Knüppeldicke voll sei es gewesen. Ein Fahndungsaufruf im Fernsehen wäre doch mal was anderes!

Gennat, für Neuerungen immer aufgeschlossen, ist begeistert und setzt sich umgehend mit den Verantwortlichen des Fernsehsenders Berlin in Verbindung. Am nächsten Tag weisen Zeitungen und Rundfunk auf die geplante Fernsehübertragung hin, und tatsächlich sind die Fernsehstuben am Abend des 7. November 1938 überfüllt. Ein Kommissar spricht ausführlich über den Fall, zeigt den Mantel und weist auf seine Besonderheiten hin. Wenn das Bild auch unscharf ist – Zeitzeugen meinen etwas sarkastisch, man habe damals mehr Schnee als Bild gesehen –, schauen die Menschen gebannt auf die Mattscheibe. Die Ausstrahlung ist eine Sensation, die weit über die Grenzen Berlins hinaus Furore macht. So wird am 7. November 1938 um 20 Uhr nicht nur Kriminal-, sondern auch Fernsehgeschichte geschrieben.

Am nächsten Tag erscheint bei der Kripo, ob aufgrund der Fernsehübertragung ist nicht gewiss, ein Versicherungsvertreter, der auf einen Mitarbeiter hinweist, der seit einiger Zeit bei ihnen als Kundenwerber arbeitet, sich aber nicht gerade durch Eifer und Einsatz hervortut und auch noch keinen Kunden geworben hat. Zudem hegen alle Kollegen ein tiefes Misstrauen gegen den Neuen. Dem Zeugen wird der Mantel gezeigt, und er ist sich sicher: Dieser Mantel gehört dem neuen Mitarbeiter Hans Hahn.

Am 8. November 1938 wird der 19-jährige Hans Hahn festgenommen. Er leugnet die Tat zunächst, legt dann aber doch ein Geständnis ab: Im Juli 1938 ist er aus Erfurt nach Berlin gekommen und hat eine Zeitlang für verschiedene Firmen als Vertreter gearbeitet. Wegen seines mangelnden Einsatzes ist er jedoch immer wieder entlassen worden und steht bald völlig mittellos da. Nicht einmal mehr die Miete für sein möbliertes Zimmer kann er bezahlen. Nun verlegt er sich darauf, ein Auto zu stehlen. So steigt er am Abend des 12. Oktober auf dem Kurfürstendamm in ein Taxi und nennt Wannsee als Ziel. An einer vermeintlich günstigen Stelle im Wald schießt er dem Chauffeur in den Rücken, doch dieser ist noch in der Lage anzuhalten und aus dem Wagen zu springen. Draußen gibt Hahn weitere Schüsse ab. Als der Mann endlich zusammenbricht und Hahn gerade auf den Fahrersitz steigen will, nähert sich in langsamem Tempo ein anderes Taxi. Hahn gerät in Panik und flüchtet so überstürzt, dass er nicht einmal mehr Taubels Geldbörse an sich nimmt …

Hans Hahn wird am 23. November 1938 von einem Sondergericht zum Tode verurteilt. Verfahren vor solchen Gerichten wurden in der Zeit des Nationalsozialismus durchgeführt, wenn die Staatsanwaltschaft eine schnelle Aburteilung wünschte. Auch Hans Hahns Ende kommt schnell: Einen Tag später wird das Urteil vollstreckt.

Weitere Bücher von Regina Stürickow

Kommissar Gennat ermittelt
Die Erfindung der Mordinspektion
ISBN 978-3-944594-56-9

Verbrechen in Berlin
32 historische Kriminalfälle 1890–1960
ISBN 978-3-944594-18-7

Kommissar Gennat und die Tote im Reisekorb
Kriminalroman
ISBN 978-3-96201-064-5

Kommissar Gennat und der Anschlag auf den Orientexpress
Kriminalroman
ISBN 978-3-96201-070-6

Kommissar Gennat und der grüne Skorpion
Kriminalroman
ISBN 978-3-96201-111-6

Kommissar Gennat und die Frau am Fenster
Kriminalroman
ISBN 978-3-96201-128-4

MIX
Papier aus verantwortungsvollen Quellen
FSC® C014138

Bibliografische Information der Deutschen Nationalbibliothek: Die Deutsche Nationalbibliothek verzeichnet diese Publikation in der Deutschen Nationalbibliografie; detaillierte bibliografische Daten sind im Internet über http://dnb.d-nb.de abrufbar.

Asternplatz 3, 12203 Berlin
post@bebraverlag.de
Satz: typegerecht berlin
Umschlag: Goscha Nowak, Berlin
(Titelbild: Polizeihistorische Sammlung, Berlin)
Schriften: Korolev, Stempel Garamond
Druck und Bindung: Finidr, Český Těšín
ISBN 978-3-8148-0286-2

www.bebraverlag.de